HEYNE<

Doris Märtin / Karin Boeck

small talk

**Die hohe Kunst
des kleinen Gesprächs**

Originalausgabe

**Wilhelm Heyne Verlag
München**

HEYNE KOMPAKTWISSEN
22/385

Doris Märtin schrieb die Kapitel 1 bis 5 und 7 bis 11;
Karin Boeck die Kapitel 6, 12 und 13.

Umwelthinweis:
Dieses Buch wurde auf chlor- und säurefreiem Papier gedruckt.

11. Auflage

Redaktion:
Verlagsbüro Dr. Andreas Gößling und Oliver Neumann GbR

Copyright © 1998
by Wilhelm Heyne Verlag GmbH & Co. KG, München
http://www.heyne.de
Printed in Germany 2003
Umschlaggestaltung:
Hauptmann und Kampa Werbeagentur, München – Zürich
Herstellung: M. Spinola
Satz: Schaber Datentechnik, Wels
Druck und Verarbeitung: Ebner & Spiegel, Ulm

ISBN 3-453-14838-X

Inhalt

1 Small talk? Aber sicher! 7

2 Was hinter den Blockaden steckt 16

3 Der Stoff, aus dem Gespräche sind 35

4 Schüchternheit überwinden 45

5 Nur wer hingeht, kommt an 56

6 Parkettsicher 71

7 Die Kunst, auf andere einzugehen 91

8 Die Kunst, sich zu präsentieren 102

9 Der Körper spricht mit 117

10 Störungen, Klärungen 130

11 Small talk und (Big) Business:
Netzwerke knüpfen 141

12 Häppchen, Sekt und fremde Leute:
unverbindlich Verbindungen schaffen 157

13 Vier Hochzeiten und ein Todesfall:
private Beziehungen hegen und pflegen 166

Das Wichtigste auf einen Blick 183

Literatur zum Thema 187

1

Small talk? Aber sicher!

> So kamen Leo und Emma, während Karl sich mit dem
> Apotheker unterhielt, in eines jener oberflächlichen
> Gespräche, die um tausend oberflächliche Dinge kreisen
> und keinen anderen Sinn haben, als die gegenseitige
> Sympathie einander zu bekunden. Pariser Tanzereig-
> nisse, Romantitel, moderne Tänze, die ihnen fremde
> große Gesellschaft, Tostes, wo Emma gelebt hatte, und
> Yonville, wo sie sich gefunden, alles das berührten
> sie in ihrer Plauderei, bis die Mahlzeit zu Ende war.
>
> GUSTAVE FLAUBERT, *Madame Bovary*

»Lange nicht gesehen.« – »Ja, stimmt.« – »Und wie geht's dir
so?« – »Ach, man lebt. Und dir?« – »Auch ganz gut. Tja …
also dann, viel Spaß noch.«

Glücklicherweise verläuft nicht jeder Small talk so un-
ergiebig. Aber die meisten Menschen haben oft genug Begegnungen der zähen Art erlebt, um mit leichtem Schau-
dern an das Sommerfest im Kindergarten, den 80. Geburtstag von Tante Herta oder den anstehenden Messeempfang
zu denken – wo es im Zweifelsfall darauf ankommt, stundenlang mit flüchtigen Bekannten, entfernten Verwandten,
anspruchsvollen Kunden oder völlig Fremden locker und
zumindest scheinbar entspannt über Gott und die Welt zu
plaudern.

Die innere Blockade

Die Angst vor solchen gesellschaftlichen Situationen plagt viele Menschen. Bei einer internationalen Untersuchung des Psychologie-Professors Philip Zimbardo von der Stanford University gaben lediglich sieben Prozent der Befragten an, noch nie in ihrem Leben Schüchternheit empfunden zu haben. Allen anderen verursachten fremde Menschen und Umgebungen zumindest gelegentlich ein flaues Gefühl im Magen. 25 Prozent der Befragten bezeichneten sich als chronisch schüchtern.

Vorsichtig geschätzt sind somit mehr als die Hälfte der Menschen in gesellschaftlichen Situationen häufig oder fast immer verlegen und unsicher. Sie haben Angst, beim Geschäftsessen ins Stottern zu geraten, im Urlaub keinen Anschluß zu finden, beim Workshop mit den anderen Seminarteilnehmern Kontakt aufzunehmen. Ihre Schüchternheit macht es ihnen schwer, Menschen kennenzulernen, Freundschaften zu schließen, eine gute Figur abzugeben und beruflich voranzukommen.

Theresa ist so ein Fall. Ihre Viertkläßler sind von der jungen Lehramtsanwärterin begeistert. Sie versteht ihre Probleme, kann den Stoff spannend erklären und kennt eine Menge lustiger Spiele für die Lernpausen zwischendurch. Viele Eltern dagegen trauen Theresa nicht viel zu. Bei zufälligen Begegnungen im Gartencenter oder beim Weinfest erleben sie sie als farblos und verschlossen – jedes Wort muß man ihr aus der Nase ziehen. Die Wahrheit ist: Gespräche über Daniels Leseschwäche und Marilenas Verträumtheit führt Theresa mit den Eltern lieber im Lehrerzimmer. Doch die Suche nach einem freundlich-belanglosen Small-talk-Thema mit den Eltern, die meistens ein gutes Stück älter sind als sie, macht sie erst einmal sprachlos. Ein Teufelskreis, denn jeder gesellschaftliche Mißerfolg vergrößert die Angst vor dem nächsten Mal.

Der Unsinn vom Tiefsinn

Um nicht ständig mit ihrem Mißerfolg konfrontiert zu werden, neigen viele schüchterne Menschen dazu, das Problem zu bagatellisieren. Sie reden sich ein, Small talk sei die Kunst der Leerformeln. Müßiger Zeitvertreib oberflächlicher Schickimickis und Partygänger. Überkommenes Ritual aus einer Zeit, in der die Uhren langsamer gingen. Diese Einschätzung teilen sie mit all denen, die es von Haus aus ablehnen, über Banalitäten zu plaudern, und stolz darauf sind, ohne Umschweife zur Sache zu kommen und nicht lange herumzureden.

Zu ihnen gehört Justus. Der 35jährige Steuerberater ist mit seiner Familie im vorigen Jahr in ein neu erschlossenes Wohngebiet in einem ländlichen Vorort gezogen. Mit der Aufbauphase seiner Kanzlei beschäftigt, hat er in seiner knapp bemessenen Freizeit wenig Lust, sich mit den Nachbarn über den Gartenzaun hinweg über Obstbaumschnitt oder den ungewöhnlich trockenen Sommer zu unterhalten. Die Themen rund um Haus und Garten langweilen ihn – und das merkt man ihm an. Nach kurzer Zeit beschränken sich die nachbarschaftlichen Kontakte auf ein steifes »Guten Morgen. Na, dann wollen wir mal wieder« vor der Garageneinfahrt. Richtig wohl ist Justus dabei nicht: Paradoxerweise empfindet er sein selbstgewähltes Verhältnis zu den Nachbarn als verkrampft und fühlt sich als Außenseiter. Immer öfter ärgert er sich, daß kaum jemand aus dem Viertel den Weg in seine Kanzlei findet.

Small talk ist Beziehungsarbeit

Die Unfähigkeit oder Unwilligkeit, sich auf die belanglosen Gespräche des Alltags einzulassen, kostet einen hohen Preis: Isolation und mißlungene Gespräche nagen an unserem Selbstwertgefühl – oft mehr, als wir uns eingestehen. Der fruchtlose Schlagabtausch am Postschalter, die zähen Unterhaltungen mit der Schwiegermutter, das Stottern bei der Begegnung mit einer ehemaligen Kollegin, die einsamen Spaziergänge während der Kur bauen das Selbstbewußtsein nicht eben auf. Gelungene Sozialkontakte dagegen gehören zu den Sternstunden, an die man immer wieder gerne denkt. Ich erinnere mich zum Beispiel oft an das ermutigende Gespräch, das ich nach einem Seminar über Business Writing mit der etwa gleichaltrigen Dozentin geführt habe – kurz bevor ich selbst den Sprung in die Selbständigkeit wagte. Obwohl sich der Kontakt später im Sande verlief, hat mich die Unterhaltung auf neue Ideen gebracht und meinen Horizont erweitert.

Aber vom Selbstbewußtsein einmal ganz abgesehen: Wer die Kunst des kleinen Gesprächs beherrscht, ist privat und beruflich klar im Vorteil. Die vermeintlich trivialen Gespräche haben nämlich zwei wichtige Aufgaben: Verbindungen zu schaffen und Verbundenheit zu signalisieren.

Verbindungen schaffen. Menschen, die wir gerade erst vor fünf Minuten kennengelernt haben, müssen wir erst einmal »beschnuppern«. Niemand will mit Fremden gleich über die großen Fragen unserer Zeit geschweige denn des Lebens sprechen. Um zwanglos ins Gespräch zu kommen, sind banale Themen wie die neuen Telefontarife oder der schneesicherste Ort für den Winterurlaub wesentlich besser geeignet als die Abholzung des Regenwalds oder der Umbau der Sozialsysteme – so wichtig diese Themen auch sein mögen. Der Weg zu den großen Themen führt über das kleine Gespräch. Seine Stärke liegt darin, ganz unverbindlich die Möglichkeit einer engeren Verbindung auszuloten.

Verbundenheit demonstrieren. Small talk ist aber auch im Umgang mit Menschen wichtig, die wir schon lange und gut kennen. Denn: Wer sich häufig sieht, hat sich nicht andauernd aufregende Neuigkeiten zu erzählen oder weltbewegende Themen zu erörtern. Ein großer Teil der Gespräche mit dem Partner und den Kindern, den Verwandten, Freunden und Kollegen dient mehr der sozialen »Fellpflege« als dem Informationsaustausch. Ihr Sinn liegt in der *Metamitteilung*: die Beziehungsinformation unter der Sachinformation. Wenn erwachsene Geschwister in den Erinnerungen an die Spiele längst vergangener Kindertage schwelgen oder Kollegen zum x-ten Mal einen gelungenen Coup erörtern, so versichern sie sich damit ihre Verbundenheit. Die Metamitteilung lautet: »Wir sind ein starkes Team.«

Die eigentliche Bedeutung der kleinen Alltags- und unverbindlichen Partygespräche liegt somit unter der Oberfläche. Ganz gleich, ob wir uns über argentinischen Wein, die Affären des amerikanischen Präsidenten, den umstrittenen Bau des Parkhauses in der Innenstadt oder den besten Internet-Browser unterhalten: Das Gesprächsthema ist vor allem Mittel zum Zweck – es dient dazu, sich kennenzulernen, Gemeinsamkeiten zu finden, sich Zeit füreinander zu nehmen, Nähe herzustellen.

Small talk ist eine Summe von Eigenschaften

Manchen Menschen scheint die Fähigkeit, mit anderen in Kontakt zu kommen, in die Wiege gelegt zu sein. Aufgrund ihrer Erziehung und ihres Temperaments verfügen sie ohne großes Zutun über eine stimmige Mischung gesprächsfördernder Eigenschaften. So wie Kerstin, die mit ihrem trockenen Humor noch das langweiligste Familientreffen belebt. Oder Simon, der es instinktiv versteht, mit anderen eine gemeinsame Wellenlänge zu finden – zum Beispiel, indem er sich in Wortwahl und Dialekt auf sein Gegenüber einstellt. Oder Maja, die so teilnehmend zuhören kann, daß neue Bekannte ihr schon nach kurzer Zeit den Schmerz über den Tod der besten Freundin anvertrauen oder den Frust über die verworrene Beziehung zu einem verheirateten Mann. Oder Johannes, der sich für das neueste Computerspiel seines zwölfjährigen Neffen ebenso interessiert wie für die Fotoalben seiner 85jährigen Großtante.

Die Fähigkeit, Kontakte zu knüpfen und zu pflegen, fordert also ganz verschiedene Seiten der Persönlichkeit: Selbstbewußtsein und Informiertheit gehören dazu, ein breites Spektrum von Interessen, Begeisterungsfähigkeit, Humor, Körperhaltung, aber auch gute Manieren und Parkettsicherheit. Das heißt: Auch wenn Sie mit Ihren Small-talk-Fähigkeiten unzufrieden sind, bringen Sie vermutlich schon eine Reihe wichtiger Voraussetzungen für den gesellschaftlichen Erfolg mit. Machen Sie die Probe aufs Exempel, und beantworten Sie die folgenden Fragen – spontan, und ohne lange zu überlegen:

Diese Aussage	trifft zu / trifft nicht zu	
Ich gehe auf andere ein und erkenne, was ihnen wichtig ist.	❏	❏
Ich fühle mich in meinem Körper wohl.	❏	❏
Ich bin über aktuelle Themen auf dem laufenden.	❏	❏
Die Meinung anderer interessiert mich.	❏	❏
Ich habe mir die Geburtstage von Bekannten und Kollegen notiert und denke daran, ihnen zu gratulieren.	❏	❏
Ich komme schnell mit anderen ins Gespräch, zum Beispiel im Zugabteil, beim Spaziergang mit dem Hund oder in der Warteschlange im Supermarkt.	❏	❏
Ich konzentriere mich ganz auf die Person, mit der ich mich gerade unterhalte.	❏	❏

Small talk ist eine Summe von Eigenschaften

Diese Aussage	trifft zu / trifft nicht zu	
Ich habe gern mit Menschen zu tun.	❏	❏
Ich kann Gespräche gut in Gang halten.	❏	❏
Ich bemühe mich darum, gute Laune und Optimismus auszustrahlen.	❏	❏
Ich bin eine gute Zuhörerin/ein guter Zuhörer.	❏	❏
Ich habe ein Hobby, das mich begeistert.	❏	❏
Ich kann mich in Teams problemlos einfügen.	❏	❏
Ich finde meine Stimme sympathisch.	❏	❏
Es fällt mir leicht, gelegentlich ein Kompliment zu machen.	❏	❏
Ich kann Alltagsbegebenheiten witzig erzählen und bringe meine Gesprächspartner oft zum Lachen.	❏	❏
Ich bekomme hin und wieder ein Kompliment von anderen.	❏	❏
Ich kann mich gut auf die Stimmungen anderer einstellen.	❏	❏
Ich bin ein guter Unterhalter.	❏	❏
Ich achte darauf, Gespräche nicht zu monopolisieren und meine Gesprächspartner zu Wort kommen zu lassen.	❏	❏

Bestimmt haben Sie eine ganze Reihe von Fragen mit »trifft zu« beantwortet. In diesen Bereichen liegen Ihre Stärken. Wuchern Sie mit diesen Pfunden! Es sind die Ingredienzen, um die Sie auf Ihre ganz persönliche Art Gespräche mit anderen bereichern.

Was Sie in diesem Buch erfahren

Daß andere Eigenschaften eher nicht auf Sie zutreffen, heißt nicht, daß Sie ein Leben lang ohne sie auskommen müssen. Sie alle sind erlern- und trainierbar. Wie, erfahren Sie in diesem Buch. Es vermittelt Ihnen das psychologische Grundwissen und das praktische Know-how, das Sie brauchen, um ins Gespräch zu kommen und im Gespräch zu bleiben.

Manche Anregungen werden Sie sehr rasch umsetzen können, zum Beispiel die Empfehlung, einen festen Händedruck einzutrainieren, sich ohne großes Federlesens selbst vorzustellen oder Ihrem Gegenüber auch einmal ein Kompliment zu machen. Eine grundlegende Veränderung hin zu mehr Gewandtheit und Ungezwungenheit dagegen läßt sich nicht von heute auf morgen verwirklichen. Sie ist ein allmählicher Lernprozeß, der viele Jahre in Anspruch nehmen kann. Das Einüben von ein paar Standardfloskeln und Gesten bringt nämlich nicht allzu viel: Jedes Gespräch verläuft anders und läßt sich nicht in ein starres »Protokoll« fassen. Vor allem aber: Erst wenn Ihr Auftreten zu Ihrem Charakter und Ihrem Temperament paßt, wirkt es sympathisch, überzeugend und sicher. Das aber setzt voraus, daß Sie Ihre Persönlichkeit entfalten und

- Ihre Erwartungen und Ängste im Umgang mit anderen Menschen besser kennenlernen,
- Schüchternheit überwinden,
- ein Gespür für andere Menschen entwickeln,
- höfliche und rücksichtsvolle Umgangsformen automatisieren,
- bei vielen und unterschiedlichen Themen mitreden können,
- Ihr Körpergefühl stärken,
- Optimismus und gute Laune ausstrahlen,
- Verantwortung für den Gesprächsverlauf übernehmen.

Die Mühe lohnt sich: In dem Maße, in dem Ihre Ausstrahlung und Kommunikationsfähigkeit wächst, erhalten Sie immer öfter auch das Feedback, das Sie sich wünschen. Der Umgang mit anderen Menschen wird einfacher und angenehmer. Sie fühlen sich wohler, kommen im Job besser an, und Ihre persönliche Zufriedenheit steigt. Mit der Zeit fällt es Ihnen immer leichter, auf Menschen zuzugehen, Freunde zu gewinnen und berufliche Kontakte zu knüpfen und aufrechtzuerhalten.

2

Was hinter den Blockaden steckt

Manchmal dringen von weither Besucher in meine
Einsamkeit ein, und bei diesen Gelegenheiten wird mir
klar, wie mutterseelenallein jeder ist und wie entfernt
von seinen Mitmenschen, und während sie reden
(im allgemeinen über Babys, frühere, derzeitige und er-
wartete), wundere ich mich über die große, nicht zu
überbrückende Distanz, die die eigene Seele von der
Seele desjenigen trennt, der direkt neben mir auf
dem Stuhl sitzt. Ich spreche von Menschen, die einem
verhältnismäßig fremd sind, die durch die seltsamen
Launen des Zugverkehrs gezwungen sind, eine bestimmte Zeit hier zu verbringen, und in deren Gegenwart man vorsichtig nach gemeinsamen Interessen sucht,
um sich dann, wenn man schließlich herausfindet, es gibt
keine, ins eigene Schneckenhaus zurückzuziehen. Mich
überkommt dann langsam eine große Kälte, und mit
jeder Minute werde ich benommener und wortkarger.

ELIZABETH VON ARNIM,
Elizabeth und ihr Garten

Haben Sie schon einmal überlegt, weshalb gesellschaftliche
Anlässe Unbehagen in Ihnen hervorrufen? Warum Sie sich
unter fremden Menschen klein und schüchtern fühlen? Oder
warum Sie Ihr Terrain so verbissen verteidigen, indem Sie
auf Ihrem Standpunkt beharren, mit Ihren Erfolgen glänzen,
andere mit Ihrem Wissen bombardieren? Später, zu Hause,
ärgern wir uns dann über uns selbst: Weil wir bei der Weihnachtsfeier in der Agentur wie üblich mit Astrid und Kurt
herumgeblödelt haben, statt die Gelegenheit zu nutzen, uns
einmal ausführlicher mit der sympathischen Texterin zu un-

terhalten, die gelegentlich Auftragsarbeiten für das PR-Büro übernimmt. Weil im Familienkreis wieder mal die brillante Karriere des Jüngsten im Mittelpunkt stand und die eigene Beförderung völlig untergegangen ist. Weil wir es uns nicht verkneifen konnten, der früheren Klassenkameradin, die gerade das dritte Kind erwartet, vom Weihnachts-Shopping in New York vorzuschwärmen.

Es sind ganz unterschiedliche und auch nicht bei jedem Menschen die gleichen Gefühle, die verhindern, daß wir uns im Umgang mit anderen von unserer souveränsten Seite zeigen. Zu ihnen gehören:

- die Angst, nicht geliebt zu werden,
- das Ringen um Status und Macht,
- die Angst, sich aufzudrängen,
- die Angst vor der Blamage,
- vorschnelle Schlüsse und Vorurteile.

Die Angst, nicht geliebt zu werden

Vor ein paar Monaten hielt mein Mann einen Vortrag an unserer alten Schule. Im Anschluß daran fand ein kleiner Empfang für die Zuhörer statt, unter denen auch ein paar unserer früheren Lehrer und Klassenkameraden waren. Die meisten von uns hatten sich seit Jahren nicht mehr gesehen, und so drehten sich, wie bei solchen Gelegenheiten üblich, die Unterhaltungen vor allem um ein Thema: was aus uns geworden war. Dabei fielen immer wieder Sätze wie: »Ich arbeite ja nur halbtags«, »Wir wohnen ja nur zur Miete«, »Ich habe ja gleich nach dem Abitur geheiratet, und dann sind auch sehr schnell die Kinder gekommen«, »Mein Mann hat ja nur einen Zeitvertrag.«

GESPRÄCHSKILLER SELBSTHERABSETZUNG

Es waren meistens Frauen, die sich mit solchen Sätzen herabsetzten – Frauen, die es eigentlich »geschafft« haben. Zum Beispiel Margit: Sie hat gleich nach dem Abitur geheiratet und kurz darauf Zwillinge bekommen. Das geplante Jura-Studium mußte sie damit an den Nagel hängen. Aber sobald sie einen Kindergartenplatz für die beiden Jungen ergattert hatte, begann sie, an der Fernuniversität Arbeitspsychologie zu studieren. Heute arbeitet sie als selbständige Trainerin für Organisation und Unternehmensführung und beschäftigt zwei fest angestellte Mitarbeiterinnen. Oder Inge: Stimmt, ihr Mann hat tatsächlich nur einen Fünf-Jahres-Vertrag – als promovierter Biologe am Max-Planck-Institut, wo er gerade an seiner Habilitation arbeitet. Sobald die Arbeit abgeschlossen ist, will er mit seiner Familie für ein, zwei Jahre in die USA gehen. Entsprechende Kontakte zu einem Forschungslabor in Boston hat er schon hergestellt.

Auch ich ertappe mich regelmäßig dabei, wie ich Mißerfolge und Schwächen hochspiele und Leistungen erst gar nicht erwähne. Das fängt mit Kleinigkeiten an: »Ich finde es toll, daß Sie so konsequent Aerobic machen. Ich könnte mich dazu nicht aufraffen«, bewundere ich eine flüchtige Bekannte. Daß ich mich mit Golf fit halte und endlich mein Handicap verbessert habe, sage ich nicht. Das Paradoxe daran: Im nachhinein ärgere ich mich, daß ich mein Licht unter den Scheffel gestellt und mich »unter Wert« verkauft habe – vor allem dann, wenn meine falsche Bescheidenheit mein Gegenüber auch noch zu ungebetenen Ratschlägen herausfordert: »Sie sehen aber auch blaß aus. Sie sollten wirklich etwas für sich tun.«

VERRÄTERISCHE ZEICHEN

Ob Sie dazu neigen, Ihre Leistungen im Gespräch mit anderen herunterzuspielen, können Sie mit der folgenden Checkliste feststellen.

Die Angst, nicht geliebt zu werden

❏ Sie wehren Lob und Komplimente automatisch ab: »Du siehst gut aus heute.« – »Findest du? Eigentlich muß ich dringend zwei Kilo abnehmen.«

❏ Sie erzählen öfter von Ihren Problemen als von Ihren Erfolgen.

❏ Sie behalten Ihre Pläne lieber für sich. Ihre Gesprächspartner sollen Sie nicht für eingebildet halten.

❏ Wenn Sie andere loben, ist das oft mit einer Herabsetzung Ihrer eigenen Person verbunden: »Wie schaffst du es bloß, den großen Garten ganz allein zu pflegen? Ich würde das nicht packen.«

❏ Sie haben oft das Gefühl, sich unfreiwillig in eine unterlegene Position manövriert zu haben: zum Beispiel, wenn Ihr Gesprächspartner Ihnen Empfehlungen und Ratschläge erteilt, obwohl er viel weniger von der Sache versteht als Sie.

DIE GRÜNDE DAHINTER

Menschen, die sich im Gespräch herabsetzen, beziehen ihr Selbstwertgefühl vor allem daraus, von anderen geliebt und gemocht zu werden. Sie sind friedfertig und harmoniebedürftig. Deshalb betonen sie in Gesprächen die Gleichheit und harmonische Übereinstimmung der Gesprächspartner. Vor allem Frauen neigen dazu, ihre Selbstdarstellung instinktiv auf ihr Gegenüber abzustimmen. Weil wir auf andere sympathisch wirken möchten, glauben wir, uns unsicher und bescheiden geben zu müssen. Um die Harmonie zu fördern, betonen wir die negativen Aspekte unseres Lebens oder unserer Persönlichkeit. Das kann soweit gehen, daß wir uns für Fehler entschuldigen, die wir gar nicht begangen haben, oder Verdienste verschweigen, auf die wir eigentlich stolz sein könnten.

Übrigens: Manchmal steckt hinter dem Hang zum Understatement auch Unbehagen am eigenen Erfolg. Wer erzählt, daß er ein Jahr in London gelebt hat, weckt Erwartungen: Je nach Gesprächspartner soll er sich sachverständig über die Haltung der Engländer zum Euro äußern, die Bonnard-Ausstellung in der Tate-Gallery gesehen haben oder wissen, wo man Barbour-Jacken am günstigsten einkauft. Daß man nach dem Auslandsaufenthalt perfekt Englisch spricht, versteht sich ohnehin von selbst. Solche Vorschußlorbeeren haben ihre Tücken: Zeigt sich im Gesprächsverlauf, daß man die überzogenen und sehr speziellen Erwartungen seiner Zuhörer nicht erfüllen kann, gilt man schnell als eingebildet. Um das zu vermeiden, halten viele Menschen mit ihren Fähigkeiten und Erfolgen lieber gleich hinter dem Berg.

GEGENSTRATEGIEN

Immer nur nett zu sein ist keine Lösung. Wer Harmonie über alles stellt, reagiert irgendwann verbittert und enttäuscht, wenn er für seine Selbstlosigkeit keine Gegenleistung erhält. Denn die bekommen Sie wahrscheinlich nicht – die Siegertypen unter Ihren Gesprächspartnern nutzen Ihren Altruismus aus. Sie schwärmen egomanisch von ihrer brillanten Karriere oder schieben ungerührt das siebte Magazin mit den Dias von der letzten Irlandreise in den Projektor. Aber auch Gespräche mit Menschen, die genauso bescheiden auftreten wie Sie, verlaufen oft nicht besonders positiv: Unterhaltungen, bei denen die Höhen des Lebens ausgeblendet und seine Tiefen resigniert akzeptiert werden, heben weder die Stimmung noch das Selbstwertgefühl. Wahrscheinlich fühlen Sie sich hinterher freudlos und bedrückt.

Machen Sie sich eines klar: Worum es wirklich geht, ist Symmetrie, das Geben und Nehmen im Gespräch. Sie wollen niemanden übertrumpfen. Aber Sie sollten sich auch von niemandem in den Schatten stellen lassen. Selbstdarstellung und Sensibilität für andere schließen einander nicht aus. Erzählen Sie ruhig begeistert von der musikalischen Begabung Ihrer Jüngsten oder dem anregenden NLP-Seminar, das Sie am Wochenende besucht haben. Im Gegenzug erkundigen Sie sich nach der Ägyptenreise Ihrer Kollegin. Hören Sie ihr aufrichtig interessiert zu, und fragen Sie sie, ob sie ein paar Fotos dabei hat. Sie werden sehen: Mit dieser Gesprächsstrategie gewinnen Sie an Ausstrahlung und Lebensfreude, ohne Ihrem Gegenüber die Show zu stehlen.

Die Angst, sich aufzudrängen

Prüfungstag an der Uni Köln. Esther, eine junge Dozentin, sucht nach dem Hörsaal, in dem sie gleich die Statistikprüfung abnehmen wird. Im Treppenhaus trifft sie auf eine Gruppe von Studenten aus ihrem Kurs. Eine Studentin spricht sie an: »Da können wir Ihnen ja nachgehen.« Esther lächelt und sagt: »Hallo. Ich weiß allerdings auch nicht so genau, wo unser Raum ist. Wahrscheinlich im vierten Stock, oder?« Mit raschen Schritten geht sie weiter und legt ein paar Meter Abstand zwischen sich und die Kursteilnehmer. Im Weggehen hört sie, wie einer der Studenten halblaut sagt: »Die spricht nicht mit jedem.« Betroffen hält Esther inne. Sie hatte sich nicht aufdrängen wollen; doch bei den Studenten war ihr Verhalten offensichtlich als Reserviertheit und Ablehnung angekommen.

DAS WECHSELSPIEL VON NÄHE UND DISTANZ

Daß die Studenten Esthers Reaktion mißverstanden, hat einen guten Grund. Es gibt nämlich zwei Möglichkeiten, Höflichkeit und Freundlichkeit auszudrücken: Nähe und Distanz. Stoßen zwei Gesprächspartner aufeinander, die Höflichkeit auf unterschiedliche Weise bekunden, bleiben Mißverständnisse nicht aus.

Ein Beispiel: Stellen Sie sich vor, die Terrasse Ihrer Doppelhaushälfte ist von der Nachbarterrasse lediglich durch eine halbhohe, efeubewachsene Sichtschutzwand getrennt. Sind beide Familien im Garten, stellt sich die Frage, was höflicher ist: Fangen Sie eine ausgiebige Unterhaltung über den Gartenzaun an? Oder beschränken Sie sich auf einen freundlichen Gruß und eine Bemerkung über das schöne Wetter, um dann den Blickkontakt abzubrechen und die Nachbarsfamilie sich selbst zu überlassen? Welches Verhalten besser ankommt, hängt von der Höflichkeitsauffassung der anderen Familie ab. Bei eher distanzierten Menschen, die lieber unter sich bleiben, laufen Sie mit gut gemeinten Gesprächsangeboten Gefahr, als unsensibler Störenfried zu gelten. Umgekehrt könnten extrovertierte, kontaktfreudige Nachbarn vermeintlich dezente Unaufdringlichkeit leicht als brüskierend empfinden.

GESPRÄCHSKILLER DISTANZIERTHEIT

Jeder von uns hat beide Möglichkeiten, Nähe und Distanz, in seinem Verhaltensrepertoire. Je nach Situation und Stimmung reagieren wir einmal eher formell-distanziert, das andere Mal eher freundschaftlich-zugänglich. Oft verbinden wir auch Nähe und Distanz miteinander, zum Beispiel, wenn wir Arbeitskollegen zwar siezen, aber mit dem Vornamen ansprechen. Oder wenn wir uns mit neuen Bekannten erst mal im Café treffen, statt sie gleich zu uns nach Hause einzuladen.

Problematisch wird es dagegen, wenn Sie aus Angst, aufdringlich zu sein, Höflichkeit automatisch durch Distanz demonstrieren. Esther zum Beispiel wird beim Nachdenken über die Begegnung mit den Studenten klar: Ihr Verhalten hat Methode. Bei Zufallsbegegnungen im Schwimmbad, im Restaurant oder in der Fußgängerzone ist sie innerlich fast immer auf dem Sprung. Sie wendet häufig den Oberkörper halb ab, als wollte sie gleich gehen, verabschiedet sich aus Gesprächsrunden möglichst schnell und gibt sich überhaupt den Anschein, am Zusammensein mit anderen nicht besonders interessiert zu sein. Ihre Umgebung soll nicht das Gefühl haben, von ihr bedrängt zu werden. Hinter ihrer Unaufdringlichkeit steckt außer Rücksichtnahme auch die Angst, zurückgewiesen zu werden, als lästiges Anhängsel zu gelten, nur aus Höflichkeit Beachtung zu finden. Um nicht ausgegrenzt zu werden, grenzt Esther sich systematisch ab. Dazu kommt: Sie ist gern allein und braucht viel Zeit für sich, um ihren Gedanken nachzuhängen, zu meditieren, Musik zu hören, zu lesen. Unvorhergesehene Sozialkontakte empfindet sie in solchen Momenten einfach als störend.

VERRÄTERISCHE ZEICHEN

Bitte überlegen Sie einmal anhand der folgenden Checkliste, ob auch Sie dazu neigen, Höflichkeit allzu häufig durch Distanz zu demonstrieren:

❐ Sie wehren Komplimente automatisch ab.

❐ Wenn Ihnen ein Gast ein Geschenk mitbringt, beteuern Sie:»Das hätte es doch nicht gebraucht.«

❐ Sie können die Freundlichkeit anderer manchmal nicht so recht einschätzen: Ist Ihr Gegenüber einfach nur höflich oder wirklich an einem Kontakt mit Ihnen interessiert?

❐ Sie erwarten, daß sich Gäste telefonisch anmelden, statt Ihnen spontan ins Haus zu fallen.

❐ Sie gesellen sich in der Kantine oder Mensa ungern an einen Tisch, an dem schon heftig diskutiert oder herzlich gelacht wird.

❐ Sie vermeiden es, fremde Menschen um eine Auskunft zu bitten.

❐ Sie finden es unangenehm, von Freunden auf eine Party mitgeschleppt zu werden, zu der Sie nicht ausdrücklich eingeladen wurden.

❐ Sie hassen es, wenn Ihnen andere auf die Pelle rücken – zum Beispiel im Aufzug oder in der U-Bahn keinen Abstand halten oder vorschnell zum Du übergehen.

DIE GRÜNDE DAHINTER

Hinter der Angst, aufdringlich zu wirken, steckt oft ein geringes Selbstwertgefühl oder aber ein stark ausgeprägtes Bedürfnis nach Privatheit, das Sie auch bei anderen voraussetzen. Diese Zurückhaltung kann anerzogen sein. Sie kann aber auch damit zusammenhängen, daß Sie von Natur aus besonders heftig auf äußere sensorische Reize ansprechen und deshalb Nähe schnell als störend und anstrengend empfinden. Um diese intensiven Emotionen in Schach zu halten, gehen Sie auf Distanz. Dabei sind Sie weder unkommunikativ noch ungastlich. Nur: Alles hat für Sie seine Zeit – das Zusammensein mit anderen ebenso wie der Rückzug ins Private.

GEGENSTRATEGIEN

Wenn Sie dazu neigen, sich ins Schneckenhaus zurückzuziehen, um niemanden durch Ihre Gegenwart zu belästigen, springen Sie beim nächsten Mal über Ihren Schatten: Knüpfen Sie im Zugabteil ein Gespräch an, bewundern Sie die herrlichen Sonnenblumen im Nachbarsgarten, zeigen Sie Ihre Freude über ein Mitbringsel, essen Sie, wenn es Ihnen angeboten wird, ruhig auch das dritte Stück Kuchen. Dadurch bereichern Sie Ihr Verhaltensrepertoire um eine zusätzliche Möglichkeit. Ihre Fähigkeit zu höflicher Rücksichtnahme bleibt davon unberührt: Ein Gewinn an Selbstbewußtsein muß nicht mit einem Verlust an Sensibilität verbunden sein.

Die Angst vor der Blamage

Wir sind verlegen, wenn der Partner bei der Geburtstagsfeier nach dem dritten Glas Prosecco nicht mehr viel zu sagen weiß. Es ist uns peinlich, wenn wir einem Anrufer gedankenlos um drei Uhr nachmittags einen guten Morgen wünschen. Wir möchten in den Erdboden versinken, wenn beim Abendessen mit neuen Bekannten offenkundig wird, daß wir nur vage ahnen, worüber bei dem anstehenden Volksbegehren abgestimmt wird.

GESPRÄCHSKILLER PEINLICHKEIT

Als ginge es ums nackte Überleben und nicht nur um unser fragiles Ego, achten wir im Zusammensein mit anderen darauf, nur ja keinen Fehler zu machen. Das Fatale daran: Je höher unser Anspruch, souverän und perfekt aufzutreten, desto mehr nagen kleine Pannen und Ungeschicklichkeiten an unserem Selbstbewußtsein. Und als ob es noch nicht reichte, mit den ungewohnten Stilettos gestolpert zu sein oder Südamerika mit Südafrika verwechselt zu haben, läßt uns nach einem Fauxpas meistens auch noch unsere Körperbeherrschung im Stich: Wir laufen rot an, halten erschrocken die Hand vor den Mund, wenden die Augen ab, beginnen zu stottern oder nervös an der Kleidung herumzuzupfen. Der Ethnologe Irenäus Eibl-Eibesfeldt vergleicht solche kaum kontrollierbaren Gesten mit dem Beschwichtigungsverhalten von Tieren, die sich in einer Konfliktsituation befinden und Unterwerfung signalisieren wollen. So kommt es, daß wir uns nach einem Ausrutscher gleich in doppelter Hinsicht klein, schwach und häßlich fühlen: erstens wegen des Regelverstoßes und zweitens (und vielleicht noch mehr) wegen der linkischen, für jedermann sichtbaren Verlegenheitsgesten.

DIE GRÜNDE DAHINTER

Wie sehr Menschen die Angst vor der Blamage zu schaffen macht, hängt von vielen Faktoren ab: zum Beispiel von ihrer Erziehung, vom eigenen Perfektionsanspruch und von dem gesellschaftlichen Umfeld, in dem sie sich bewegen. Wer als Kind häufig mit Liebesentzug oder Verachtung bestraft wurde, dem werden als Erwachsenem peinliche Situationen mehr als anderen zu schaffen machen. Wer an sich den Anspruch stellt, kulturell auf dem laufenden zu sein, empfindet es vielleicht schon als Schmach, noch nichts von dem neuen Roman von Javier Marías gehört zu haben: Einen beschämenden Moment lang passen Wahrheit und Wunschbild nicht zusammen. Und natürlich ist es uns unangenehmer, ein Glas Rotwein an einer in Damast eingedeckten Festtafel umzustoßen als bei einem zwanglosen Grillabend am Baggersee.

VERRÄTERISCHE ZEICHEN

Wie stark Ihre Angst vor der Blamage Ihre sozialen Kontakte beeinflußt, können Sie mit der folgenden Checkliste feststellen:

- ❏ Sie würden viele Einladungen oder gesellschaftliche Verpflichtungen am liebsten absagen – zum Beispiel, weil Sie Angst haben, nicht mitreden zu können, von den anderen Gästen ignoriert zu werden, nicht gut genug angezogen zu sein.
- ❏ Es ist Ihnen sehr wichtig, dem Anlaß entsprechend gekleidet zu sein. Zum Beispiel wäre es Ihnen unangenehm, zu einem Sommerfest ein Kleid und hochhakige Schuhe zu tragen, wenn die anderen Gäste lässig in T-Shirts und Bermudas gekommen sind.
- ❏ Wenn Sie mit Menschen zusammen sind, kreist Ihr Denken um die Wirkung, die Sie auf die anderen ausüben. Sie sind hauptsächlich damit beschäftigt, sich selbst zu beobachten.
- ❏ Sie bitten Ihren Partner oder Ihre Kinder häufig um ein ganz bestimmtes Verhalten – zum Beispiel bei einem Familien- oder Nachbarschaftsfest.
- ❏ Im Zusammensein mit anderen empfinden Sie Druck, Selbstzweifel und Verunsicherung.

In unbekannten Situationen – zum Beispiel im Urlaub, bei der Vernissage oder beim Elternabend – fühlen Sie sich am wohlsten, wenn Verwandte oder Freunde dabei sind.

GEGENSTRATEGIEN

Je mehr Aussagen Sie bestätigt haben, desto stärker ist Ihre Angst, anderen gegenüber das Gesicht zu verlieren, keine gute Figur zu machen oder einen Imageverlust zu erleiden. Sich dieser Angst zu entziehen ist schwer – auch weil in unserer Gesellschaft Erfolg und Ansehen mehr als je zuvor vom guten Eindruck abhängen. Trotzdem: Versuchen Sie, sich von unrealistischen Perfektionsansprüchen zu lösen. Machen Sie sich vor sozialen Begegnungen immer wieder klar, daß mehr als drei Viertel aller Menschen genau wie Sie Angst haben zu versagen. Die wenigsten Leute, denen Sie begegnen, sind so cool, wie sie sich geben.

Dazu kommt: Mit einer allzu glatten Oberfläche gewinnen Sie nur selten Sympathie. Fehler und Mißgeschicke signalisieren den anderen, daß Sie ein Mensch mit Ecken, Kanten und einer unverwechselbaren Persönlichkeit sind.

Und schließlich: Analysieren Sie, welche Ungeschicklichkeiten Sie besonders fürchten. Wenn Ihnen erst einmal bewußt ist, daß Sie sich dem Kollegenkreis Ihres Partners intellektuell nicht gewachsen fühlen, können Sie Ihren Mann zum Beispiel bitten, Ihnen den Geschäftsbericht seiner Firma mitzubringen oder Sie mit geeigneter Fachliteratur zu versorgen. So gewappnet, dürfte es kein Problem sein, Ihre Gesprächspartner mit einer klugen Frage zum Reden zu bringen und ab und zu eine informierte Bemerkung einzuwerfen.

Der Kampf um Status und Macht

Justus und Paul, zwei Informatiker Mitte Dreißig, kennen einander, seit sie als junge Wissenschaftler an einem internationalen Forschungsprojekt mitgewirkt haben. Ihr Verhältnis damals war von freundschaftlicher Konkurrenz geprägt. Mittlerweile leben sie in verschiedenen Städten, ihr Kontakt riß aber nie ganz ab. Sie telefonieren hin und wieder und treffen sich gelegentlich bei Computermessen. Meistens diskutieren sie dann über die neuesten Entwicklungen auf ihrem Fachgebiet.

Wendet sich das Gespräch dagegen Persönlicherem zu, verläuft ihre Unterhaltung nach dem immer gleichen Muster. Wenn Justus erzählt: »Als ich vor zwei Monaten bei der HCI in Orlando war ...«, unterbricht Paul: »Reine Zeitverschwendung, diese Tagungen. Ich fliege nächste Woche nach San Diego, um den Amerikanern unser neues Projekt schmackhaft zu machen.« Wenn Paul den privaten Internet-Anschluß erwähnt, hält Justus mit seinem neuen Handy dagegen. Berichtet Justus von den Reitkünsten seiner Tochter, beeilt Paul sich, das Elite-Gymnasium seines Sohnes zu loben. Wie beim Pokern versuchen beide, einander mit dem besten Blatt zu übertrumpfen.

GESPRÄCHSKILLER SOZIALER VERGLEICH

Die Metamitteilung, die hinter solchen Verhaltensweisen steht, ist eindeutig: *»I am the champion!«* Das Sinnen und Streben von Justus und Paul konzentriert sich nur auf eines: den eigenen Status zu wahren und nach Möglichkeit zu verbessern. Unter dem harmlosen Small talk spielt sich ein Machtkampf ab: um den begehrenswerteren Job, die wohlgeratenen Kinder, das bessere Aktienportfolio, die erfolgreichere Ehefrau, den prestigeträchtigeren Dienstwagen, das bessere Leben. Daß sich in diesem Spiel keiner von beiden eine Blöße gibt, ist klar: Nicht einmal harmlose Pannen wie

der verregnete Urlaub oder die schwer vermietbare Einlie-
gerwohnung tauchen in ihren Gesprächen auf.

Weil Justus und Paul sich in ihrem Gesprächsstil sehr ähnlich sind, kommen sie im Prinzip gut miteinander zurecht:
Beide wissen sich zu behaupten, keiner fühlt sich dem anderen unterlegen, die *Symmetrie* des Gesprächs bleibt erhalten.
Trotzdem verhindern ihre Siegerspielchen, daß Verbundenheit zwischen ihnen entsteht. So verpassen sie zum Beispiel
die Chance, sich gegenseitig beruflich zu unterstützen: Dazu
müßten sie die Erfolge des anderen anerkennen, einander
zuhören und zumindest ansatzweise auch einmal über ein
Problem sprechen.

Richtig problematisch wird das Platzhirsch-Verhalten der
beiden aber erst im Umgang mit Menschen, die bei diesem
Konkurrenzkampf nicht mitmachen können oder wollen.
Wer bei jedem Thema und in jedem privaten Gespräch
einen Führungsanspruch durchsetzen will, drückt zurück-
haltendere Menschen an die Wand. Geben und Nehmen
sind nicht gleichmäßig verteilt. Das Gespräch wird asymme-
trisch: Indem sich ein Gesprächsteilnehmer als überlegen
gibt, weist er den anderen den Rang von unterlegenen Sta-
tisten zu.

VERRÄTERISCHE ZEICHEN

Mit der folgenden Checkliste können Sie prüfen, wie sehr Sie
sich im Gespräch auf Statusdemonstration konzentrieren:

❏ Sie erwähnen beiläufig Ereignisse, an denen Sie teilgenommen haben: zum Beispiel das Schulfest, das Sie ge-
   sponsert haben; oder die Opernpremiere, für die der Ho-
   telportier noch Karten für Sie ergattert hat.
❏ Sie versorgen Bekannte und Verwandte unaufgefordert
   mit Adressen und Empfehlungen – meistens verbunden
   mit einem Satz wie: »Und sagen Sie Frau Dr. Hansen
   einen schönen Gruß von mir.«

❏ Sie sind ein launiger und unterhaltsamer Erzähler.

❏ Sie zeigen nur zu gern, daß Sie Bescheid wissen: »Die Inszenierung dürfen Sie sich auf keinen Fall entgehen lassen«, »Diesen kleinen Italiener müßt ihr unbedingt ausprobieren«, »Die Ausstellung muß man einfach gesehen haben.«

❏ Sie erwähnen öfter einmal angesehene oder einflußreiche Bekannte oder Verwandte: den Chefredakteur der Lokalzeitung, die Stadträtin Müller-Schmidt, den Chef des Klinikums, Ihre Cousine, die dabei ist, sich einen Namen als Filmregisseurin zu machen.

❏ Wenn Sie einem Gesprächspartner ein Kompliment machen, verbirgt sich dahinter oft auch mal ein Eigenlob. Die tadellose Präsentation der Praktikantin kommentieren Sie mit: »Meine Schule«; die Blitzkarriere des Neffen mit: »Tja, so sind wir halt, wir Leubners.«

DIE GRÜNDE DAHINTER

Je öfter die Aussagen auf Sie zutreffen, desto stärker neigen Sie zu einem statusgeprägten Gesprächsstil. Ihnen ist nur allzu bewußt: Die Menschen sind nicht gleich, sie nehmen unterschiedliche Plätze in einer hierarchischen Ordnung ein. Im verbalen Rennen um Karriere, Geld, Wissen, Beziehungen oder Kultiviertheit wollen Sie auf jeden Fall unter den ersten durchs Ziel gehen. Diese Haltung ist verständlich, auch und gerade in einer wettbewerbsorientierten Gesellschaft, in der sich jeder immer wieder neu definieren und beweisen muß. Aber manchmal verprellen Sie die Menschen damit, statt sie für sich zu gewinnen.

GEGENSTRATEGIEN

Machen Sie sich zunächst bewußt: Nicht alle Gesprächsteilnehmer sind primär statusorientiert. Viele Menschen stellen gerade bei den kleinen, unverbindlichen Gesprächen den

Aspekt der Beziehungspflege und Solidarität in den Vordergrund. Stoßen diese unterschiedlichen Absichten aufeinander, kann es leicht passieren, daß das Gespräch in eine Schieflage gerät: hier der dominierende Alleinunterhalter, dort das unfreiwillige Jubelpublikum.

Als statusorientierter Gesprächspartner sollten Sie deshalb darauf achten, das Rampenlicht nicht ausschließlich für sich zu beanspruchen. Gerade beim Small talk sind Balance und Harmonie mindestens so wichtig wie sozialer Vergleich und Selbstdarstellung. Nutzen Sie deshalb Ihre Position, Ihre Persönlichkeit, Ihre sprachliche Ausdrucksfähigkeit, und ermöglichen Sie es auch schüchternen oder zurückhaltenden Gesprächspartnern, ihr Licht zum Leuchten zu bringen.

Gelegenheiten dazu gibt es viele: Lenken Sie das Gespräch taktvoll auf ein Thema, bei dem der andere glänzen kann. Holen Sie auch einmal den Rat eines Gesprächspartners ein. Machen Sie sich über sich selbst lustig, und erzählen Sie von einem kleinen Mißgeschick. Sie werden merken: Dabei bricht Ihnen kein Zacken aus der Krone. Im Gegenteil – Sie wirken sympathisch und einfühlsam und bereichern Ihre Gesprächsfähigkeit um eine zusätzliche Dimension. Alle Gesprächspartner fühlen sich wohl und wertgeschätzt – der klassische Fall einer Win-Win-Situation.

Schubladendenken

Bei aller Aufgeschlossenheit und Toleranz gibt es für die meisten von uns ein paar Attribute und Verhaltensweisen, die wir einfach nicht ertragen können: den Ring im Ohr des künftigen Schwiegersohns; die schrille Aufgeregtheit der Vorstandssekretärin; die zugeknöpfte Reserviertheit des Tischnachbarn; die Unart der Einrichtungsberaterin, mitten im Satz zu unterbrechen; das stets griffbereite Zigarettenpäckchen auf dem Nachttisch des Zimmergenossen im Krankenhaus.

GESPRÄCHSKILLER VORURTEIL

Bewußt oder unbewußt reagieren wir auf solche äußeren Signale mit Ablehnung und Reserviertheit – ohne uns groß mit dem Menschen dahinter auseinanderzusetzen. Das bleibt nicht ohne Folgen: Unser Gegenüber spürt unsere Skepsis, fühlt sich verunsichert und reagiert seinerseits entsprechend kühl. Wir fühlen uns in unserem (Vor-)Urteil bestätigt, unsere abweisende Haltung verstärkt sich. Ein Teufelskreis nimmt seinen Anfang, der leicht zu Animosität und Feindschaft führen kann – ein klassischer Fall von »selbsterfüllender Prophezeiung«. Dabei sind die Zeiten, in denen man den Leuten ihre Einstellung an der Nasenspitze und der Automarke ablesen konnte, längst vorbei – falls es sie überhaupt gegeben hat. Wo die Wirtschaft sich auf den Konsumenten einstellt, der im Audi A6 bei Aldi vorfährt, sind wir auch als Privatmenschen gefordert, einen Blick hinter die Fassade zu werfen.

VERRÄTERISCHE ZEICHEN

Wie stark Sie dazu neigen, vorschnellen Urteilen aufzusitzen, können Sie mit der folgenden Checkliste ermitteln:

❑ Sie stellen öfter verwundert fest, daß sich Menschen, die Sie nie so recht leiden mochten, bei näherem Hinsehen als ganz nett erweisen.

❑ Sie sind schnell dabei, neuen Bekannten ein Etikett aufzukleben: der Öko, der Yuppie, die Esoterikerin, die Karrierefrau, die Vorstadtmutti …

❑ Sie sind überzeugt davon, Familienmitglieder, Verwandte und Freunde durch und durch zu kennen.

❑ Sie haben wenig Lust, sich mit Menschen abzugeben, die Ihre Interessen und Wertvorstellungen nicht teilen.

❑ Sie haben an vielen Menschen, denen Sie begegnen, etwas auszusetzen: Die eine halten Sie für affektiert, den anderen für rücksichtslos, am dritten nervt Sie der Hang zur Schwarzmalerei.

Die Gründe dahinter

»Was der Bauer nicht kennt, frißt er nicht.« Das Sprichwort ist zwar derb, bringt die Sache aber auf den Punkt: Es gehört zu unserem genetisch verankerten Programm, Fremdes aus sicherer Distanz zu beäugen. Wenn wir mit Unbekanntem, Neuem konfrontiert sind, sträuben sich uns erst einmal die Haare. Wie in der Steinzeit geht unser Körper in Verteidigungsposition – ganz gleich, ob das »Fremde« ein reißender Tiger oder ein Boss-Anzug im Ökoladen ist. Es bedarf der bewußten Anstrengung, dieses angeborene Gefühlsprogramm zu verändern.

Gegenstrategien

Machen Sie sich klar: Ein Gespräch kann nur gelingen, wenn Sie es vorurteilslos und offen führen. Und: Eine vertrauensvolle Ausstrahlung ist die beste Voraussetzung dafür, daß Ihr Gegenüber Ihnen ebenfalls gutgelaunt und lächelnd begegnet. Wer in den USA schon einmal das entwaffnende Lächeln der Hotelrezeptionistin oder die Frage des Tütenpackers im Supermarkt, *»Hi, folks, how are you doing today?«,* erlebt hat, weiß, wie ansteckend Herzlichkeit und gute Laune sind.

Was die Alltagserfahrung zeigt, ist übrigens auch wissenschaftlich erwiesen: Die Natur sorgt dafür, daß Menschen gute und schlechte Stimmungen aufeinander übertragen. Nahezu unmerklich imitieren – spiegeln – wir Mimik und Körperhaltung, Sprechgeschwindigkeit und Tonfall unseres Gesprächspartners. Das kann sogar dazu führen, daß Gesprächspartner ähnliche physiologische Reaktionen an den Tag legen: zum Beispiel, wenn bei beiden das Herz schneller schlägt oder mehr Schweiß abgesondert wird. Dieses Phänomen erklärt, daß Miesepeter oft auch ihrer Umwelt die Laune verderben. Umgekehrt genügt manchmal ein freundlicher Gruß eines völlig fremden Menschen, um unsere Gereiztheit zu besänftigen und unsere Stimmung zu heben. Selbst wenn hinter unserer liebenswürdigen Selbstdarstellung ein Stück Schauspielerei steckt: Das Ergebnis rechtfertigt die Mittel.

Deshalb: Geben Sie neuen Bekannten einen Vertrauensvorschuß. Zeigen Sie sich freundlich und aufgeschlossen – auch wenn Sie das Auftreten der Bewerberin arrogant oder die Lebensweise des Veganers allzu extrem finden. Vielleicht stellt sich ja nach näherem Kennenlernen heraus, daß die smarte Bewerberin über erstklassige Qualifikationen verfügt oder daß der asketische Veganer der ausgefuchste Anlageberater ist, nach dem Sie seit langem suchen.

3

Der Stoff, aus dem Gespräche sind

> Einen Moment lang dachte ich, vielleicht könnte ich von
> dem Übersetzer-Symposium in Singen erzählen, bei
> dem ich kürzlich eingeladen war und mich so fürchter-
> lich gelangweilt hatte, daß wahrlich nichts dabei war,
> darüber zu erzählen, aber ich verwarf es sofort, weil es
> mir, gerade wenn ich erwähnen würde, wie langweilig
> das Symposium gewesen war, gefährlich nah an
> Understatement zu geraten schien, und wenn ich löge,
> es wäre interessant gewesen, wäre das Prahlerei.
>
> BIRGIT VANDERBEKE,
> *Alberta empfängt einen Liebhaber*

Auch wenn wir es nur ungern zugeben: Die meisten von uns
scheuen weder Aufwand noch Mühe, um sich auf das Zusammensein mit anderen vorzubereiten. Wir putzen die Wohnung, weil sich die Schwiegereltern übers Wochenende angesagt haben, suchen stundenlang nach einem passenden Outfit
für den Juristenball, backen Kuchen für den Nachmittagskaf-
fee in der Mutter-Kind-Gruppe, zwängen uns für die Vernissage ins kleine Schwarze und stärken ergeben die Damast-
servietten für das Abendessen mit dem Chef. Nur eines überlassen wir dem Zufall und hoffen das Beste: die Art und den
Verlauf der Gespräche. Perfekt kostümiert und frisiert betreten wir die stimmig ausgeleuchtete Bühne – ohne auch nur
einen Blick ins Textbuch geworfen zu haben.

Gesprächsprofis kann das nicht passieren: Kein Staats-
anwalt hält sein Plädoyer aus dem Stegreif, kein guter Verkäufer stürzt sich unvorbereitet in ein Kundengespräch,
kein Talkmaster tritt seinen Gästen unvorbereitet gegenüber.

Wenn Alfred Biolek mit Henry Maske kocht und Sabine Christiansen mit Alice Schwarzer talkt, ist die Zwanglosigkeit der Gespräche das Ergebnis eines langen Vorbereitungsprozesses. Was den Gesprächsprofis recht ist, ist uns Laien billig: Je besser wir uns auch auf nicht-fachliche Gespräche vorbereiten, je mehr wir über die Interessen unserer Gesprächspartner wissen und je mehr Gesprächsthemen uns zur Verfügung stehen, desto besser sind die Chancen, daß Gespräche eine Eigendynamik entwickeln.

(Zeitungs-)Leser wissen mehr

Menschen, die leicht und unbefangen mit den unterschiedlichsten Leuten über Gott und die Welt plaudern können, führen fast immer ein ausgefülltes Leben. Ihr Alltag umfaßt mehr als Büro, Kinder und Haushalt, und sie bewegen nach Feierabend nicht nur die Fernbedienung. Die Menschen, deren Kommunikationsfähigkeit ich bewundere, spielen Tennis und laufen Ski, gehen regelmäßig in die Oper, malen, surfen im Internet, spielen Klavier oder Saxophon und sind begeisterte Hobbyköche. Sie engagieren sich im Elternbeirat, in der Lokalpolitik oder bei den Wirtschaftsjunioren. Sie organisieren Kindergartenfeste, Kunstaustellungen, Weinproben und Studienfahrten in ausländische Partnerstädte. Vor allem aber: Sie lesen und gehen mit wachen Augen durch die Welt. Denn: Wer liest, ist gut informiert. Und wer gut informiert ist, hat etwas zu sagen.

Wenn Sie Ihre Kommunikationsfähigkeit verbessern wollen, heißt deshalb Regel Nr. 1: Informieren Sie sich. Und zwar nicht nur über die Welt- und Lokalpolitik. Und auch nicht nur über die Themen, an denen Sie von Haus aus Anteil nehmen. Um Gesprächsstoff für Begegnungen aller Art zu haben, empfiehlt es sich, alle Teile der Zeitung zu überfliegen: den Sportteil, das Feuilleton, den Wirtschaftsteil, den Wetterbericht, Rubriken wie *Vermischtes* oder *Leute von heute*, das Computermagazin, die Modeseite. Schauen Sie sich im Fernsehen Magazine wie *Monitor* und *Wiso*, Kultursendungen wie *Aspekte* oder *Das Literarische Quartett* oder Frauensendungen wie *Mona Lisa* an – und sei es mit halbem Ohr beim Bügeln oder Staubwischen.

So informiert, können Sie ohne Scheu mitreden, ohne deshalb gleich ein Experte sein zu müssen. Daß Sie den eben erschienenen Roman von James Salter gelesen haben, ist gar nicht notwendig. Es genügt, wenn Sie sich daran erinnern, daß das Buch vor kurzem in der *Brigitte* oder im Feuilleton der *FAZ* vorgestellt wurde. Dann können Sie nachfragen: »Wie kommt es eigentlich, daß der Roman in Deutschland erst jetzt veröffentlicht wird – wurde er nicht schon in den siebziger Jahren geschrieben?« Oder: »Ich habe mir auch vorgenommen, das Buch zu lesen. Leihst du es mir, wenn du damit durch bist?«

GEHÖRT, GELESEN, ZITIERT

Wie Sie Gehörtes und Gelesenes in Gespräche einfließen lassen, zeigen die folgenden Beispiele:

- Sie rufen einen Kunden in einem anderen Bundesland an: »Ich habe gehört, die Würzburger Autobahn war wegen Sturmschäden gesperrt. Ich hoffe, Sie sind heute morgen trotzdem ohne Stau ins Büro gekommen?«
- Sie begegnen einem befreundeten Paar im Adventsgetümmel: »Noch zwölfmal schlafen, dann gibt es im Supermarkt endlich wieder Osterhasen zu kaufen!« Ehrliche fügen hinzu: »Das stand heute morgen im *Streiflicht* und hat mir so gut gefallen, daß ich es gleich anbringen mußte.« Die Quelle zu nennen ist nicht nur fair, sondern möglicherweise auch gesprächsfördernd: Vielleicht liest Ihr Gegenüber das *Streiflicht* der *SZ* ja genauso gerne wie Sie.

Der Stoff, aus dem Gespräche sind

- Sie unterhalten sich beim Geburtstagsempfang Ihres Bereichsleiters mit dessen Frau, die wegen der Erziehung der drei Kinder zur Zeit nicht berufstätig ist: »Vor ein paar Tagen habe ich gelesen, daß Rheinland-Pfalz die betreute Grundschule jetzt landesweit einführen will. Ich würde es sehr begrüßen, wenn man hier in Bayern etwas ähnliches anbieten könnte. Was meinen Sie?«
- Sie plaudern mit einer Geschäftspartnerin, von der Sie wissen, daß sie gern und oft ins Theater geht: »Hatten Sie schon Gelegenheit, die neue *Hamlet*-Inszenierung zu sehen? Ist sie wirklich so ungewöhnlich, wie man hört?«
- Der Sohn Ihrer Freundin führt Ihnen sein neuestes Computerspiel vor: »Hast du auch *Wing Commander Prophecy* auf deinem PC? Ich habe kürzlich davon gelesen – es soll ganz toll sein.«

Gesprächsthemen für fast jede Gelegenheit

Wenn Gespräche nicht in Gang kommen, so liegt das fast immer daran, daß die Gesprächspartner an ihrem eigenen Ehrgeiz scheitern: Sie setzen sich mit dem Anspruch unter Druck, etwas besonders Geistreiches, Schlagfertiges, Ausgefallenes sagen zu müssen. Mit dem Erfolg, daß ihr Kopf leer und ihre Zunge wie gelähmt ist. Hat man sich dagegen erst einmal von der Erwartung an einen ausgefallenen Einstieg befreit, liegen die Themen auf der Hand: Sport, Reisen, Bücher, Filme, die Kinder, der Garten, die Börse, das Internet ...

Das Wetter. Alle reden über das Wetter. Sie nicht? Wir schon. Denn zumindest als Gesprächseinstieg ist es besser als sein Ruf: Wie kein anderes Thema ist es wirklich allen Gesprächspartnern gemeinsam. Und der Weg vom Wetter zu anderen Themen ist kurz: der anstehende Osterurlaub in den Bergen, das geplante Picknick am Wochenende, die verhagelte Obstbaumblüte, die ins Wasser gefallene Radtour.

Sushi, Steak und Saltimbocca. Viele Köche verderben den Brei. Das mag sein. Aber wenn zwei, drei Möchtegern-Siebecks zusammensitzen, läuft das Gespräch wie von selbst: der beste Biobauer im Landkreis, das Rezept für das garantiert nicht zusammenfallende Käsesoufflé, die Vorzüge von Induktionsherden, der hauseigene Kräutergarten, das letzte Dinner auf der Titanic. Und auch die staunende Zuhörerschaft kommt nicht zu kurz: Daß Parmesan aus der Tüte ungenießbar ist und Risotto am Schluß tüchtig mit einem Holzlöffel aufgeschlagen werden muß, sind Erkenntnisse, die sich am heimischen Herd mühelos umsetzen lassen.

Auf den Hund gekommen. Seit auch ich zu den Millionen Katzenbesitzern in Deutschland zähle, kann ich mich mit Begeisterung über Flohkuren und Katzenfutter, nächtliche Störungen und die effiziente Beseitigung von verschreckten Mäusen im Wohnzimmer unterhalten. Und auch die Marotten von Hunden und Meerschweinchen (und ihren Menschen) sind im Gespräch mit Tierbesitzern ein ergiebiges Gesprächsthema geworden – beim Bäcker um die Ecke genauso wie beim Gartenfest.

Winden, Salbei, Schneckenkorn. »Ein Garten ist, wie ich herausgefunden habe, ein keineswegs ergiebiges Thema, und es ist erstaunlich, wie wenige Leute wirklich den eigenen lieben«, schreibt Elizabeth von Arnim. Ich habe andere Erfahrungen gemacht: Von den ersten Krokussen bis zum letzten Rasenschnitt dient mir der Garten in vielen Situationen als Gesprächseinstieg. Schön, daß man endlich den Frühling ahnt. Ihre Pfingstrosen blühen wieder herrlich. Wir bräuchten dringend Regen. Wie heißt der Strauch mit den roten Beeren? Die Nacktschnecken haben uns sämtliche Zucchinipflanzen kahl gefressen. Haben Sie heuer auch so eine reiche Apfelernte?

Madonna, Mozart und Miles Davis. Auch wenn Sie nicht das absolute Gehör haben, Wagner nur in homöopathischen Dosen vertragen und bei TicTacToe an ein Pfefferminzbonbon denken, ist Musik als Feld weit genug, um ein ergiebiges Gesprächsthema zu bieten. Man muß kein Musikkenner sein, um über Handys in der Philharmonie und Girlie-Geigerinnen im nassen T-Shirt zu lästern, die glaubhafte Körpersprache der Mozart-Interpretin zu bewundern oder zu erzählen, daß die Filmmusik zu der *Englische Patient* zum Kauf von vier Ella-Fitzgerald-CDs geführt hat. Für Musikliebhaber aller Richtungen ist das Thema ohnehin unerschöpflich.

Pleiten, Pech und Pannen. Gebeutelt von den Widrigkeiten des Lebens, sind sie der Star auf jeder Party: Pechvögel, die obendrein noch lustig erzählen können. Von den Pfotenabdrücken auf dem versandfertigen Manuskript, weil die Katze nicht begreifen will, daß ein Schreibtisch kein Spielplatz ist. Von dem sorgfältig gepackten Koffer, der mitten in der überfüllten Abflughalle um zwei Kilo Übergewicht erleichtert werden mußte. Von der ungenießbaren Philadelphia-Torte, mit der man die Schwiegereltern beeindrucken wollte. Oder von dem Taxifahrer in New York, der einem seine graue Klapperkiste als »Yellow Cab« verkauft und für die Fahrt vom Flughafen nach Manhattan 70 Dollar abgeknöpft hat. Wer solche Erfahrungen mit anderen teilt, sorgt für gute Unterhaltung und hat die Lacher auf seiner Seite.

Und außerdem: das Tor von Bierhoff in der zweiten Halbzeit, der neue Volvo-Kombi, die Krimis von Elizabeth George, Gobelinstickerei, französischer Rotwein und kalifornischer Chardonnay, die Kursentwicklung der Telekom-Aktie, die Schlössertour durch Frankreich, der Campingurlaub in der

Lüneburger Heide, der Segeltörn im holländischen Watten-
meer, die Schnakenplage, die Grippewelle, moderne Kunst
und alte Meister, der lauschige Biergarten auf dem Land, die
Feininger-Retrospektive in München, der Dollar-Kurs, die
Rechtschreibreform, die Heilwirkung von Bachblüten, die
Immobilienpreise auf Sylt, die Architektur der Berliner
Gemäldegalerie, die Asienkrise und vieles andere mehr.

Sich selbst kennen

Viele Menschen glauben, sie könnten zum Small talk nicht
viel beitragen: Schließlich führten sie ein ganz normales
Durchschnittsleben, säßen von neun bis fünf im Büro, un-
ternähmen keine aufregenden Reisen und hätten nach Feierabend mit Haus und Kindern alle Hände voll zu tun. Nichts,
worüber es sich zu reden lohnte, meinen sie. Das Gegenteil
ist wahr. Machen Sie die Probe aufs Exempel: Nehmen Sie
sich ein wenig Zeit, und notieren Sie all die Dinge und Tätig-
keiten, die im Alltagstrott leicht untergehen.

- Hobbies: Lesen, Kino, Saxophonspielen, Seidenmalerei,
  Kirchenchor.
- Sportliche Aktivitäten: Skilaufen, Squash, Surfen, Bad-
  minton, Radfahren, Volleyball, Joggen, Segeln, Wandern,
  Fitneß.
- Familienarbeit: Kindergeburtstag vorbereiten, Steuerer-
  klärung ausfüllen, Garten anlegen, Möbel restaurieren,
  Hausfinanzierung durchrechnen.
- Kulturelle Interessen: Bücher, die Sie im letzten Jahr gele-
  sen haben, Oper, Musical, Malerei, Konzert, Theater.
- Bereiche, für die Sie sich engagieren: die Elterninitia-
  tive, das Engagement im Umweltschutz, das Patenkind in
  Uganda, die politische Arbeit.
- Besondere Erlebnisse und Ereignisse im letzten Jahr: das
  Skiwochenende in Kärnten, die Einschulung von Johanna,

Der Stoff, aus dem Gespräche sind

der Anbau des Wintergartens, der berufliche Wiederein-
stieg.

• Kenntnisse jenseits des Jobs: amerikanische Geschichte,
Psychologie, Esoterik, Computer, Einrichten, Astronomie.

Vermutlich ist Ihnen in kurzer Zeit eine recht lange Liste
von Interessen, Erfahrungen und Erlebnissen eingefallen.
Die Punkte, die Sie notiert haben, sind der Stoff, aus dem
Gespräche sind: die Mitarbeit bei der Bosnien-Hilfe, die
Bergwanderung im Allgäu, die Organisation des Weihnachts-
basars, das Schulprojekt Ihrer Tochter, der Einbau des CD-
ROM-Laufwerks – all das ist mit Erlebnissen und Geschich-
ten verbunden, die Sie zum Small talk beitragen können.

Sich auskennen

Nachdenken ist gut, nachfragen ist besser. Vor einigen Jahren lud eine Geschäftspartnerin ein paar Kolleginnen und
mich zur Erlangener Berg-Kirchweih ein. Wir hatten vorher
mehrere Monate lang zusammen ein Computer-Handbuch
entwickelt und wollten nun einen zünftigen Abend bei
Schweinshaxe und Bier verbringen – so stand es in der Einladung. Zur Kleiderordnung stand leider nichts darin. Nach ei-
nigem Nachdenken entschied ich mich für Jeans und Bar-
bour-Jacke: Es war erst Mai, die Abende waren noch kühl,
und wir würden im Bierzelt sitzen. Offensichtlich war ich die
einzige, die so gedacht hatte: Fast alle meine Kolleginnen
waren, ebenso wie die Mitarbeiterinnen des Textstudios, im
Busineß-Outfit erschienen. Mit dem Erfolg, daß ich mir in
meiner Freizeitkleidung an unserem Tisch ziemlich deplaziert
vorkam. Ich hätte mich eben vorher erkundigen sollen!
   Ich habe daraus gelernt, mich vor einem Fest, einer Fortbil-
dungsveranstaltung oder einem Geschäftsessen öfter als bisher schlau zu machen: Wer kommt, wieviel Zeit sollte man
mitbringen, was sind die Lieblingsblumen der Gastgeberin,

was trägt man bei einer Hochzeit im Salzburger Land? Denn mal ehrlich: Das Gefühl, passend angezogen zu sein oder ein individuelles Gastgeschenk anstelle der obligatorischen Flasche Wein mitzubringen, hebt bei den meisten Menschen das Selbstbewußtsein. Und wenn wir uns wohl und entspannt fühlen, fällt es uns auch leichter, offen und fröhlich zu plaudern.

Partyvorbereitung – mal ganz anders

Wie man eine heikle gesellschaftliche Verpflichtung generalstabsmäßig planen kann, erzählte mir Lena, eine frühere Studienkollegin, bei einem Gespräch über dieses Buch. Lena hat vor mittlerweile gut zehn Jahren in französischer Literatur promoviert und war kürzlich zur Abschiedsvorlesung ihres Doktorvaters nebst anschließendem Empfang eingeladen. Heute kümmert sie sich in der Kommunikationsabteilung eines großen Versandhauses um die Organisation von PR-Events und die Erstellung der Mitarbeiterzeitschrift. Ihr Kontakt zum Lehrstuhl ist längst abgerissen, und von ihrer einstigen Frankophilie sind vor allem die Liebe zu Paris und zur französischen Küche geblieben.

Lena graute vor dem Empfang: »Small talk ist schon im Normalfall nicht meine Stärke. Worüber sollte ich bloß nach all den Jahren mit den vergeistigten Typen an der Uni reden? Ich verstehe ja meine eigene Dissertation von damals kaum mehr.« Absagen wollte sie trotzdem nicht: Erstens wäre das feige gewesen, und zweitens hatte sie ihren Doktorvater immer ausgesprochen sympathisch gefunden. Schon deshalb fühlte sie sich verpflichtet, seiner Einladung zu folgen.

»Ich habe dann erst mal versucht, über das Internet herauszufinden, was denn mittlerweile am Lehrstuhl so läuft. Dabei habe ich festgestellt, daß ich wenigstens ein paar der Dozenten noch von früher kannte. Die meisten stellten ihre Seminare und Vorlesungen auf ein, zwei Seiten vor. Außerdem bin ich über das WWW an ein paar aktuelle Veröffentli-

Der Stoff, aus dem Gespräche sind

chungen herangekommen, die ich mir ausgedruckt und durchgelesen habe.«

Als nächstes rief sie bei der Sekretärin ihres Doktorvaters an, bedankte sich für die Einladung und ließ anklingen, daß ihr Kontakt zu den früheren Kommilitonen und Dozenten mittlerweile eingeschlafen sei. »Sie war unglaublich kooperativ und hat mir erzählt, Wagner habe alle seine früheren Doktoranden eingeladen – insgesamt so an die fünfzig Leute –, von denen auch schon einige angerufen hätten. Ob ich mich an einem gemeinsamen Geschenk beteiligen möchte. Und ob sie mir eine Gästeliste faxen solle.«

So gewappnet, sah Lena dem Empfang einigermaßen gelassen entgegen: Sie hatte genug über das Thema der Abschiedsvorlesung gelesen, um zumindest oberflächlich mitreden zu können. Sie wollte auf jeden Fall die Dozentin ansprechen, deren Seminare sie während des Studiums besonders geschätzt hatte. Vor allem aber: Sie wußte, daß sie unter all den »Ehemaligen« von Prof. Wagner nicht die einzige war, die der Romanistik aus beruflichen Gründen den Rücken gekehrt hatte. Wahrscheinlich würden sich viele Gespräche gar nicht um französische Literatur drehen, sondern um die Chancen von Geisteswissenschaftlern in der freien Wirtschaft – »ein Thema, bei dem ich mühelos mitreden kann«.

4
Schüchternheit überwinden

Ich ging zu Fuß, es war ein schöner Abend, und es war
nicht weit bis zu der Adresse in der Altstadt, die auf der
Einladung stand. Ich versuchte, nicht allzu aufgeregt
zu sein und ruhig durchzuatmen, und ich wünschte mir, ich
hätte ein bißchen Erfahrung mit Tai Chi oder autogenem
Training und all diesem Zeug, mit dem Carola sich immer
so wunderbar ausbalancierte. Wie sollte ich Martin zum
Beispiel begrüßen? Ich konnte ihm schlecht die Hand
geben, das wäre irgendwie komisch, aber konnte ich ihm
zur Begrüßung mitten in der Bank einen Kuß geben, wie
ich das sonst tat? Und ich würde dort wahrscheinlich überhaupt niemanden kennen, und ich bin auch nicht der
Typ, der sich leicht bekannt macht oder locker plaudert,
aber es sind ja noch die Bilder da, Gott sei Dank, im Zweifelsfall sehe ich mir einfach immer wieder die Bilder an.

FRANZISKA STALMANN,
Champagner und Kamillentee

Gemeinsames Pferdestehlen liegt ihnen nicht. Sie gehen lieber
ins Konzert als in die Kneipe. Sie haben Angst vor vielen Menschen. Sie ergreifen ungern als erste das Wort und warten lieber ab, bis sie gefragt werden. Öffentliche Auftritte, Verkaufs-
telefonate oder Vorstellungsgespräche jagen ihnen Schauer
über den Rücken. Oft haben sie sich ihr Leben so eingerichtet,
daß sie relativ unabhängig vom Kontakt zu fremden Menschen
sind. Sie scheuen vor lauten Witzen und indiskreten Fragen zurück. Sie haben ein starkes Bedürfnis, geliebt und akzeptiert zu
werden, fühlen sich aber oft isoliert, inkompetent und schmerz-
lich anders. Sie werden häufig übersehen oder gelegentlich zu
Unrecht als kalt und arrogant abgelehnt. Sie sind schüchtern.

Was es heißt, schüchtern zu sein

Der amerikanische Entwicklungspsychologe Jerome Kagan geht davon aus, daß bei etwa einem Drittel der schüchternen Erwachsenen die Schüchternheit zum biologischen Programm gehört. Möglicherweise haben sie eine chronisch hohe Konzentration von Noradrenalin und anderen Hirnsubstanzen geerbt. Ein hoher Noradrenalin-Spiegel erregt sowohl den Mandelkern als auch das sympathische Nervensystem über Gebühr. Dadurch werden Angstreaktionen wie schnellerer Herzschlag oder höherer Blutdruck ausgelöst. Immer wieder müssen schüchterne Menschen feststellen: Die Begegnung mit unvertrauten Menschen und Umgebungen ruft ein physiologisches Unbehagen hervor, das sie verständlicherweise lieber vermeiden möchten. Menschenscheu und Kontaktarmut sind die Folge.

Bei zwei Dritteln der Schüchternen wird der Grundstein der sozialen Ängstlichkeit dagegen durch belastende Lebensereignisse gelegt: ablehnende, zurückweisende Eltern können daran schuld sein, Erziehungsmethoden, die eher auf Druck als auf Ermutigung setzen, aber auch Brüche in der Biographie wie Scheidung, Arbeitslosigkeit oder eine chronische Krankheit.

Ob schüchtern geboren oder schüchtern geworden: Schüchterne schleppen eine Hypothek mit sich herum, die in unserer erfolgsorientierten Gesellschaft wenig gefragt ist: Ängstlichkeit, Verschlossenheit, Überempfindlichkeit. In ihrem Kopf laufen ständig verunsichernde Fragen ab: Drücke ich mich klar aus? Merkt man, daß ich nervös bin? Wie sehe ich aus? Wirke ich verkrampft? Langweilig? Farblos? Spreche ich zu laut? Halte ich mich gerade? Diese zwanghafte Selbstbeobachtung löst Streß aus: Herzklopfen, ein flaues Gefühl im Magen, ein leerer Kopf, schweißnasse oder eiskalte Hände, Erröten, ein flackernder Blick.

Sichtbare und unsichtbare Schüchternheit

Die meisten schüchternen Menschen reagieren auf das Unbehagen, das ihnen der Kontakt mit anderen bereitet, entweder mit Vermeidung oder mit Verdrängung.

Sichtbare Schüchternheit. Die Vermeider unter den Schüchternen erkennt man daran, daß sie sich am liebsten in sich selbst zurückziehen und Einladungen im größeren Kreis wenn möglich ablehnen. Macht die Höflichkeit eine Teilnahme an einer privaten oder beruflichen Veranstaltung unumgänglich, fallen die Vermeider durch ihr eckiges, schweigsames Verhalten auf. Das Zusammensein mit anderen jagt ihnen nicht nur Angst ein. Weil sie im Zweifelsfall lieber die Straßenseite wechseln als ein paar Worte mit der einstigen Kollegin auszutauschen, haben sie soziale Fertigkeiten auch nicht eintrainiert. Auf Dauer verkleinern die Vermeider durch ihr Rückzugsverhalten ihre Lebens- und Handlungsspielräume. Denn wer neue Bekanntschaften und Geselligkeit scheut, stellt sich privat und beruflich ins Abseits.

Unsichtbare Schüchternheit. Immer mehr Schüchterne setzen alles daran, ihre Unsicherheit zu verbergen. Durch Training, schiere Willenskraft oder auch mit Hilfe von Alkohol oder Psychopharmaka schaffen sie es, sich nach außen hin kompetent, forsch und locker zu geben. Sie legen eine so großartige schauspielerische Leistung hin, daß entfernte Bekannte oder Arbeitskollegen nie auf die Idee kämen, es in Wahrheit mit einem schüchternen Menschen zu tun zu haben. So weit, so gut, sollte man meinen. Einen Haken hat die Sache doch: Heimlich Schüchterne handeln gegen ihr Naturell. Langfristig kann dieses Verleugnen des eigenen Ichs zu Depressionen, Ausgebranntheit und emotionaler Erstarrung führen.

Der Grund dafür: Ängste und Nervosität lassen sich nicht ohne weiteres verdrängen und wegreden. Sie gehören zu uns wie die Anfälligkeit für Erkältungskrankheiten und Heuschnupfen. Schüchterne müssen sich deshalb damit abfinden, ein Leben lang ängstlicher und erregbarer zu reagieren, als ihnen vielleicht lieb ist. Sie können aber lernen, das Unveränderliche zu akzeptieren, mit ihrem Naturell klarzukommen und ihre Komfortzone Schritt für Schritt zu erweitern – das heißt, das Spektrum der Gefühle auszudehnen, mit denen sie angstfrei umgehen können. Der Schlüssel dafür heißt Desensibilisierung. Mehr darüber erfahren Sie in diesem Kapitel.

Wie groß ist Ihre Angst vor anderen?

Der folgende kurze Test liefert Ihnen Anhaltspunkte dafür, ob und wie sehr Schüchternheit Ihr Leben beeinträchtigt. Kreuzen Sie bitte jeweils die Antwort an, die Ihrem Verhalten, Ihren Gefühlen oder Ihren Lebensumständen am nächsten kommt.

---

1 Wenn ich neue Menschen kennenlerne, brauche ich eine Weile, bis ich auftaue.

Nie **1**   Hin und wieder **2**   Meistens **3**   Immer **4**

---

2 In unvertrauten Situationen bin ich aufgeregt/fühle ich mich körperlich unwohl.

Nie **1**   Hin und wieder **2**   Meistens **3**   Immer **4**

---

3 Einladungen zu Festen im großen Kreis und Zufallsbegegnungen mit flüchtigen Bekannten sind mir ein Greuel.

Nie **1**   Hin und wieder **2**   Meistens **3**   Immer **4**

---

4 Ich hasse es, im Mittelpunkt des Interesses zu stehen.

Nie **1**   Hin und wieder **2**   Meistens **3**   Immer **4**

---

5 In Gesprächen denke ich daran, wie mich die anderen wohl finden.

Nie **1**   Hin und wieder **2**   Meistens **3**   Immer **4**

Wie groß ist Ihre Angst vor anderen?

6   Menschen, die mich nur flüchtig kennen, halten mich für unfreundlich, arrogant oder snobistisch.

Nie **1**   Hin und wieder **2**   Meistens **3**   Immer **4**

7   Am wohlsten fühle ich mich, wenn ich mit meiner Familie oder guten Freunden zusammen bin.

Nie **1**   Hin und wieder **2**   Meistens **3**   Immer **4**

8   Ich verhasple oder verspreche mich oder weiß mitten im Satz nicht mehr weiter.

Nie **1**   Hin und wieder **2**   Meistens **3**   Immer **4**

9   Ich fühle mich von meinen Gesprächspartnern beobachtet.

Nie **1**   Hin und wieder **2**   Meistens **3**   Immer **4**

10   Ich fühle mich einsam/isoliert/als Außenseiter.

Nie **1**   Hin und wieder **2**   Meistens **3**   Immer **4**

11   Vor einem Betriebsfest, einem Empfang oder einer Geburtstagsparty habe ich Herzklopfen/rebelliert mein Darm/zittere ich.

Nie **1**   Hin und wieder **2**   Meistens **3**   Immer **4**

12   Es fällt mir schwer, ein Gespräch in Gang zu bringen. Ich warte lieber darauf, daß andere mich ansprechen oder sich zu mir setzen.

Nie **1**   Hin und wieder **2**   Meistens **3**   Immer **4**

13   Im Gespräch mit anderen fühle ich mich unbedeutend und uninteressant.

Nie **1**   Hin und wieder **2**   Meistens **3**   Immer **4**

14   Ein Glas Wein oder eine Zigarette helfen mir, mich zu entspannen.

Nie **1**   Hin und wieder **2**   Meistens **3**   Immer **4**

15   Sicherheit in Beziehungen ist mir sehr wichtig.

Nie **1**   Hin und wieder **2**   Meistens **3**   Immer **4**

16   Es fällt mir schwer, meinen Standpunkt zu vertreten oder meine Fähigkeiten darzustellen.

Nie **1**   Hin und wieder **2**   Meistens **3**   Immer **4**

17   Meine Eltern haben mich als Kind kritisiert.

Nie **1**   Hin und wieder **2**   Meistens **3**   Immer **4**

18   Ich habe Herzklopfen, wenn ich mich in einer großen Runde oder bei einem Seminar vorstellen soll.

Nie **1**   Hin und wieder **2**   Meistens **3**   Immer **4**

Schüchternheit überwinden

Zählen Sie die Zahl der Punkte zusammen.

54 und mehr: Sie sind überdurchschnittlich schüchtern. Sie fühlen sich als Außenseiter, und es fällt Ihnen schwer, Freundschaften zu schließen und Ihre Meinung zu vertreten. Das Zusammensein mit fremden Menschen empfinden Sie als Qual. Wann immer es geht, ziehen Sie sich in Ihr Schneckenhaus zurück, obwohl Sie eigentlich gerne daraus hervorkommen würden.

46–53 Punkte: Schüchternheit ist in vielen sozialen Situationen ein Problem für Sie, das Sie zu überspielen versuchen. Unbekannte Situationen und fremde Menschen empfinden Sie als anstrengend. Ihre Umwelt mißdeutet Ihre Selbstbeherrschung gelegentlich als Distanziertheit oder Arroganz.

37–45 Punkte: Es gibt immer wieder mal Situationen und Menschen, die Ihnen Nervosität oder Lampenfieber bereiten, ohne Sie deshalb einzuschüchtern.

Unter 36 Punkte: Schüchternheit spielt in Ihrem Leben kaum eine Rolle.

In bester Gesellschaft

Vor öffentlichen Auftritten weinte sie stundenlang. Ihre Stimme war lange Zeit kaum mehr als ein Hauch. In ihrer »Firma« galt sie als nicht eben intelligent. Sie scheute die Linsen der Fotografen und das Licht der Öffentlichkeit. Trotzdem wurde sie zur meistfotografierten Frau der Welt: Die Rede ist von Prinzessin Diana. Ihr Leben war der Beweis, daß Schüchternheit und gesellschaftlicher Erfolg einander keineswegs ausschließen müssen.

Ähnliche Beispiele gibt es viele: Die Schauspielerin Jennifer Jason Leigh haßt jede Art von Aufmerksamkeit so sehr, daß sie Angst davor hat, eines Tages den Oscar zu bekommen: »Die Vorstellung, dorthin gehen zu müssen, erschreckt mich«, sagt sie in einem Interview der Frauenzeitschrift *Brigitte*. »Ich hasse große Veranstaltungen.« Von der Modeschöpferin Jil Sander erzählt man sich, sie sei bei Interviews nervös, blaß und angestrengt. Vor Modeschauen bebe und zittere sie. Ihrer Ausstrahlung tut das keinen Abbruch: »Das Charmante an ihr ist diese Unsicherheit«, meint ein früherer Kollege. Auch Jacqueline Kennedy, Steffi Graf, der amerikanische Talkmaster David Letterman, der ermordete israelische Premierminister Yitzhak Rabin oder die Erfolgsschriftstellerin Susanne Tamaro schafften es trotz ihrer Schüchternheit, die Menschen für sich zu gewinnen. Sie haben gelernt, mit ihrer Scheu zu leben und das Beste aus ihrem Naturell zu machen.

Die positive Seite der Schüchternheit

Unsicher, wie sie sind, bewerten Schüchterne ihre Defizite über und nehmen überhaupt nicht wahr, daß Schüchternheit auch positive Seiten hat. Dabei sind sie in ihrer stillen, besonnenen Art oft angenehmere und interessiertere Gesprächspartner als die Selbstdarsteller, die es schaffen, sich in Null Komma nichts in den Mittelpunkt zu stellen. Und sie besitzen Empathie, also die Fähigkeit zuzuhören, sich in andere Menschen hineinzuversetzen und Stimmungsschwankungen wahrzunehmen. Damit bringen sie Voraussetzungen mit, die auf Dauer für gute Gespräche mindestens ebenso wichtig sind wie Selbstsicherheit und ein gewandtes Auftreten.

Amerikanische Untersuchungen haben gezeigt: Testpersonen, die schüchterne Menschen erst einmal näher kennengelernt haben, stufen sie als sympathischer und intelligenter ein als die auf den ersten Blick so beeindruckend geschliffenen Siegertypen. Wahr ist allerdings auch: Bei den ersten ein, zwei Begegnungen werden Schüchterne häufig als gehemmt, langweilig, unengagiert und uninteressant wahrgenommen.

Das liegt daran, daß sie das Licht scheuen und anderen Menschen kaum Anhaltspunkte über ihre Meinungen, Interessen und Gefühle geben.

Um besser anzukommen, müssen Schüchterne deshalb lernen, in neuen Situationen wenigstens hin und wieder einmal eine Bemerkung einzuwerfen. Dabei ist es gar nicht so wichtig, daß sie besondere Schlagfertigkeit oder Kompetenz zeigen, sondern einfach, daß sie sich bemerkbar machen und sich beteiligen. Der Schüchternheitsforscher Philip Zimbardo hat es ausprobiert. Er versuchte, verschlossene Personen in einer Testgruppe per Lichtzeichen öfter zum Reden zu bringen. Mit Erfolg: Sobald die Schüchternen sich ein Herz faßten und mehr zum Gespräch beisteuerten, stieg ihre Beliebtheit innerhalb der Gruppe mit einem Schlag an.

Mehr Spielraum durch Desensibilisierung

Schüchternheit ist ein Wesenszug, der sich nicht abschütteln läßt. Sie können aber durch Desensibilisierung lernen, ihn zu managen, indem Sie sich zuerst gedanklich und später tatsächlich mit Situationen konfrontieren, die Sie normalerweise meiden oder durch betonte Forschheit überspielen. Ganz wichtig dabei ist es, die wahrscheinlich auftretenden Angstgefühle auszuhalten und zu beobachten.

Das kostet Mut, Zeit und Risikobereitschaft. Aber mit jedem kleinen Erfolg wächst Ihre Ausdrucksstärke. Wahrscheinlich werden Sie sich nie zu einem Ausbund an Extrovertiertheit entwickeln. Aber vielleicht gewinnen Sie Ihre Gesprächspartner durch Ihre Wärme und Sensibilität – Eigenschaften, die schon immer in Ihnen vorhanden waren, die Sie aber bisher nur vertrauten Menschen zeigen konnten.

Ängste aushalten und akzeptieren. Es gehört zu Ihrem Temperament, daß Ihr Körper Angstsignale aussendet, sowie Sie mit fremden Menschen und Umgebungen konfrontiert sind:

Schweißausbrüche, Konzentrationsstörungen, Rotwerden, Magenkrämpfe, Muskelverspannung. Dagegen helfen auch keine Entspannungsübungen im stillen Kämmerlein: Der Körper spult in Angstsituationen nun mal sein angeborenes physiologisches Programm ab. Das ist ganz normal. Sinnvoller, als sich gegen die äußerlichen Anzeichen innerer Erregung zu stemmen, ist es deshalb, sie klinisch-nüchtern zu beobachten. Haben Sie den Mut, beim nächsten Mal, wenn Sie vor Verlegenheit am liebsten im Boden versinken möchten, die Vorgänge in Ihrem Körper ganz genau zu registrieren. Sie werden merken: Sie sind zwar unangenehm, lassen Sie aber völlig unbeschadet zurück. Paradoxerweise führt diese Selbstbeobachtung dazu, daß wir mit unseren Ängsten klarkommen und uns nicht von ihnen überwältigt fühlen.

Die Latte höher legen. Desensibilisierung funktioniert am besten, wenn Sie Schritt für Schritt vorgehen und die Anforderungen an sich selbst ganz allmählich steigern. Spielen Sie die Szenarien, die Ihnen Angst einjagen, deshalb erst einmal gedanklich durch: Malen Sie sich lebhaft aus, wie Sie einen Raum voller fremder Menschen betreten, wie keiner Sie beachtet, wie Sie sich dabei fühlen, wie Sie sich an Ihrem Orangensaft festhalten, wie Sie sich an einen Tisch in Wandnähe stellen, wie sich jemand zu Ihnen gesellt und ein Gespräch anfängt. Wie Sie herumstottern und nicht wissen, was Sie sagen sollen. Lassen Sie die Gefühle der Verlegenheit, der Scham, der Unsicherheit zu, und nehmen Sie sie an. Sie merken: Sie vergehen genauso, wie sie gekommen sind.

Setzen Sie sich von nun an freiwillig und systematisch Gesprächssituationen aus, vor denen Sie Angst haben. Dabei genügt es für den Anfang schon, wenn Sie ein kleines Gespräch mit der Marktfrau oder Ihrem Sitznachbarn im Seminar anfangen. Nach und nach legen Sie die Latte höher: Verkneifen Sie es sich, wie alle Jahre eine Ausrede für die Teilnahme am Betriebsausflug zu erfinden. Melden Sie sich in Meetings mindestens einmal zu Wort, statt wie bisher nur zu reden, wenn Sie gefragt werden. Feiern Sie Ihren Geburtstag einmal nicht im engsten Familienkreis, sondern geben Sie einen kleinen Stehempfang.

Am Anfang werden Sie bei diesen Übungen fürchterlich nervös sein. Nehmen Sie Ihre Erregung als unangenehm, aber ganz normal hin – so wie Schwitzen oder Erschöpfung beim Sport. Widerstehen Sie dem Verlangen, die innere Anspannung zu unterdrücken oder zu überspielen. Sie werden merken: Mit der Zeit läßt Ihre Erregbarkeit in sozialen Situationen nach. Sie werden unempfindlicher und erleben immer mehr Gesprächssituationen als relativ erträglich.

Konkrete Ziele setzen. Es ist unrealistisch, sich vorzunehmen: »Ab heute trete ich selbstbewußt auf und lasse mich nicht mehr in die Ecke drängen.« Das kann nicht klappen. Besser ist es, sich realistische, überprüfbare Ziele zu setzen: Ich frage zwei Leute, ob es sich lohnt, in den neuen Spielberg-Film zu gehen. Oder: Ich antworte nicht einfach mit *ja, nein* oder *gut,* sondern in vollständigen Sätzen. Oder: Ich lege mir schon zu Hause zwei, drei Themen zurecht, über die ich mich mit Kunden über das rein Geschäftliche hinaus unterhalten kann. Oder: Ich sage heute zu Bekannten, die ich zufällig treffe, außer *hallo* auch: »Ist das nicht ein herrlicher Tag heute?«

Mit Schüchternheit bewußt leben. Schüchternheit ist in Ihrem Leben eine feste Größe. Je besser Sie wissen, unter welchen Voraussetzungen und in welcher Form sie auftritt, desto konstruktiver können Sie damit umgehen. Mir zum Beispiel fällt es immer wieder schwer, ein Gespräch mit Menschen anzufangen, die mir fremd sind oder die ich nur selten sehe – einfach, weil ich nicht weiß, was ich sagen soll. Ist der Bann aber erst einmal gebrochen, kann ich mich erfahrungsgemäß flüssig und sicher unterhalten.

Seit mir das klar geworden ist, habe ich mir für den Gesprächseinstieg wie für das Schachspiel ein paar Eröffnungsstrategien angeeignet. Statt zu schweigen, weil mir kein kluger, witziger Anfang einfällt, überbrücke ich Verlegenheit mit Standardfloskeln: »Haben Sie gut hergefunden?« »Der Nachtisch sieht aber lecker aus.« »Was macht Ihr Spiel?« »Das ist heute vielleicht ein Wetter.« Zugegeben: Das ist nicht eben tiefschürfend. Aber es signalisiert immerhin Gesprächsbereitschaft. Wo immer es geht, informiere ich mich vorher, wem ich begegnen werde. Wenn ich weiß, wen ich bei einer geschäftlichen Besprechung treffen werde, kann ich mir die Eröffnung vorher zurechtlegen: »Frau Eisler-Strehle sagt, Ihre Abteilung ist gerade umgezogen.« Oder: »Ich habe gehört, Sie waren bis gestern bei der CeBit?«

Rückschritte einkalkulieren. Rechnen Sie damit, daß nicht alle Ihre Bemühungen, offener auf Menschen zuzugehen, gleich von Erfolg gekrönt sein werden. Mißerfolge sind unvermeidlich: Wenn Sie sich zum ersten Mal auf ein Snowboard stellen, erwarten Sie ja auch nicht, noch am selben Tag die Halfpipe zu meistern. Nehmen Sie Versprecher, Stottern, linkische Bewegungen oder einen schleppenden Gesprächsverlauf gelassen in Kauf: Meister fallen eben nicht vom Himmel. Aber mit jedem Einzelschritt kommen Sie Ihrem Ziel ein Stückchen näher.

5

Nur wer hingeht, kommt an

> »Erzählen Sie uns etwas Amüsantes, aber nichts Boshaftes«, sagte die Frau des Gesandten, eine große Meisterin der eleganten Konversation, die man auf englisch small talk nennt, zu dem Diplomaten, der auch nicht wußte, worüber man jetzt reden sollte.
>
> LEO TOLSTOJ, *Anna Karenina*

Markus und Anette, verheiratet, Anfang Vierzig, eine Tochter, sind Kontaktgenies. Um ihren langen Eßtisch sitzen in schöner Regelmäßigkeit Menschen zusammen, die auf den ersten Blick nichts miteinander gemeinsam haben. An diesem Wochenende sind das: zwei Arbeitskollegen von Markus, die ihm helfen, die neue Satellitenantenne zu montieren; das norwegische Ehepaar von gegenüber; eine Studienfreundin von Anette, die gerade auf der Durchreise ist; und dazu noch die Teenie-Freunde der 15jährigen Tochter, die es überhaupt nicht eilig haben, dem Kreis der Erwachsenen zu entfliehen – auch nicht, nachdem die Bleche mit Gemüsepizza leergegessen sind.

Ihre vielfältigen sozialen Beziehungen verdanken Anette und Markus der Offenheit und Selbstverständlichkeit, mit der sie auf fremde Menschen zugehen: Sie lächeln, stellen sich vor, beginnen ein unverbindliches Gespräch und binden Menschen, die ihnen sympathisch sind, großzügig in ihren Kollegen- und Bekanntenkreis ein. Viele ihrer Freunde und Bekannten wissen es heute zu schätzen, daß Markus und Anette das Risiko einer möglichen Zurückweisung eingingen, das sie selbst scheuten.

Nur wer hingeht, hat die Chance anzukommen! Wie Sie es anstellen, die Initiative zu ergreifen, erfahren Sie in diesem Kapitel.

Sag doch einfach hallo

Zugegeben: Das ist leichter gesagt als getan. Auch ich stehe diesem flott formulierten Rat immer wieder skeptisch gegenüber. Trotzdem weiß ich: Es führt kein Weg daran vorbei. Ganz gleich, ob ich neu zum Italienischkurs dazustoße, bei einer Tagung niemanden kenne oder zufällig einer Klassenkameradin begegne, die ich zum letzten Mal bei der Abiturfeier gesehen habe: Es ist allemal angenehmer, die Initiative zu ergreifen und eine Unterhaltung anzufangen, als außen vor zu bleiben, gelangweilt alleine herumzustehen oder die flüchtige Bekannte zu übersehen und mich hinterher meiner Zaghaftigkeit zu schämen. Damit die Kontaktaufnahme zu fremden, fast fremden oder fremdgewordenen Menschen klappt, müssen Sie zwei Dinge beherrschen: sich vorstellen und sich in Erinnerung bringen.

Sich vorstellen: Die »GNA-Formel«

In beruflichen Situationen ergibt es sich meist ganz von selbst: Wenn Sie neu in der Firma sind, mit einem Kollegen zusammenarbeiten, den Sie bisher noch nicht kannten, oder einen Kunden zum ersten Mal besuchen, stellen Sie sich logischerweise erst einmal vor: »Guten Tag, ich bin Jennifer Kaufmann. Ich mache ein Praktikum in der Marketing-Abteilung. Herr Schmidtbauer hat mich gebeten, Ihnen die Unterlagen vorbeizubringen.« In wenigen Sekunden liefern Sie alle Infos, die die Kontaktaufnahme erleichtern: einen freundlichen Gruß, Ihren Namen, eine Information über sich selbst und dazu noch einen Verweis auf einen gemeinsamen Bekannten.

Wahrscheinlich antwortet Ihr Gegenüber: »Hallo. Ich bin Joachim Meiser und für die EDV zuständig. Wie gefällt es Ihnen denn bei uns in der Firma?« Das Eis ist gebrochen. In gesellschaftlichen Situationen dagegen gehört die Selbstvorstellung für viele Menschen zu den schwierigeren sozialen Übungen: Entweder sie trauen sich gar nicht, sich mit Fremden bekannt zu machen, und oder sie murmeln mit gesenktem Blick: »Berghof. Sehr erfreut.«

Dabei gibt es für die erfolgreiche Selbstvorstellung einen ganz einfachen Trick. Gehen Sie mit raschen Schritten, aber nicht hektisch, zu dem anvisierten Gesprächspartner hinüber, lächeln Sie, reichen Sie ihm die Hand, und stellen Sie sich vor. Verwenden Sie dabei die »GNA-Formel« aus Gruß, Name und Aufhänger.

- **Gruß:** Nehmen Sie Augenkontakt auf, lächeln Sie, und sagen Sie »Hallo«, »Hi«, »Guten Tag«, »Moin, moin«, oder was eben gerade aktuell ist.
- **Name:** Nennen Sie Ihren Namen – am besten den Vornamen und den Familiennamen, das klingt persönlicher.
- **Aufhänger:** Erzählen Sie etwas von sich, was zum Anlaß paßt: Wenn Ihre Schwester heiratet, stellen Sie sich als »der kleine Bruder der Braut« vor; bei der Weihnachtsfeier in der Schule als »Vater von Jonas, der einen der drei Hirten gespielt hat«. Im Cluburlaub kommen Sie am schnellsten ins Gespräch, wenn Sie erzählen, daß Sie erst heute nachmittag angekommen sind; bei der internationalen Tagung, wenn Sie Ihr Spezialgebiet nennen und die Firma, bei der Sie arbeiten.

Diese Form der Selbstvorstellung dauert nicht sehr lange – wenn Sie sie gut vorbereitet haben, gerade mal sieben bis neun Sekunden: »Guten Tag, ich bin Peter Berghof. Ich bin ein Studienfreund unseres Gastgebers. Wir haben zusammen in München Betriebswirtschaft studiert.« Mit diesen Zusatzinformationen spielen Sie dem Gesprächspartner einen Ball zu, den er mit etwas Geschick auffangen und zurückwerfen kann: »Tatsächlich? Ich habe öfter beruflich im Münchner Raum zu tun und verbinde das gern mit einem Abstecher in die Berge.« Oder: »Dann sind Sie also auch BWLer. Da verfolgen Sie doch sicherlich die Börse – was meinen Sie, soll man bei den starken Kursrückgängen verkaufen oder lieber abwarten?«

SICH IN ERINNERUNG BRINGEN

Glücklicherweise kennen wir bei den meisten gesellschaftlichen Ereignissen ein paar Leute vom Sehen oder von früheren Zusammentreffen. Die Frage ist nur: Erinnern sie sich auch an uns? Lassen Sie es nicht darauf ankommen: Es ist einigermaßen peinlich, auf die Narkoseärztin zuzusteuern, mit der man sich vor drei Jahren beim Dermatologenkongreß in Baden-Baden so fabelhaft unterhalten hat und sich zu freuen: »Das gibt's ja nicht! Die Frau Eisenhardt! Erinnern Sie sich an mich?« – um mit einem fragend-kühlen Blick konfrontiert zu werden.

Erfolgreiche Kommunikatoren packen die Sache anders an. Natürlich würden auch sie sich die Gelegenheit nicht entgehen lassen, die Bekanntschaft mit der Kollegin aufzufrischen. Aber sie hätten gesagt: »Hallo, Frau Eisenhardt. Ich bin Caroline Mayer vom St. Vincent-Klinikum in Braunschweig. Wir haben uns vor ein paar Jahren in Baden-Baden kennengelernt. Wie schön, daß wir uns mal wieder treffen.« So vorbereitet, hätte sich auch bei der zweiten Begegnung ein angeregtes Gespräch entwickeln können.

Die gleiche Technik können Sie übrigens auch nutzen, um einen Termin telefonisch zu bestätigen: »Guten Tag. Hier ist Franziska Anderson von mediatec. Ich wollte mich gerne in Erinnerung bringen: Wir hatten für morgen nachmittag einen Termin vereinbart.«

Der schwierige Schritt ins Freie des Gesprächs

Die Gesellschaft hat sich gewandelt – weg vom Wir-Gefühl relativ fest umrissener Klassen und Gruppen hin zu Individualisten und Egoisten, die keine oder nur wenige vorhersagbare Gemeinsamkeiten mehr kennen. Waren noch vor wenigen Jahren der *Tatort* vom Vorabend, die Olympischen Spiele oder die neue Frühjahrsmode als unverbindliches Gesprächsthema geeignet, bedarf es in unserer diversifizierten Freizeitgesellschaft oft mehrerer Anläufe, bis das Gespräch fließt.

Wenn Gesprächspartner einander nicht gut kennen, ist es daher ganz normal, daß nicht gleich das erste angeschnittene Thema einschlägt. Sie brauchen deshalb nicht den Mut zu verlieren. Bemühen Sie sich einfach, ein anderes Thema anzubieten. Sagen Sie etwas. Irgend etwas. Warten Sie nicht auf einen begnadeten Einfall. Machen Sie sich klar: *Was* Sie sagen, ist gar nicht so wichtig. Wie der erste Eindruck ausfällt, hängt nämlich in erster Linie von nonverbalen Signalen ab: Ihrem Aussehen, Ihrer Haltung, Ihrem Tonfall, Ihrer Stimme. Es sind deshalb Belanglosigkeiten, die Gespräche in Gang bringen: zum Beispiel eine Bemerkung über die Umgebung, eine interessierte Frage, ein kleines Erlebnis auf der Herfahrt oder ein freundliches Kompliment.

Das Naheliegende – der warme Sommerabend, das Essen, die ausgefallene Tischdekoration – ist oft auch der naheliegendste Einstieg in ein Gespräch. Nehmen Sie Ihre Umgebung bewußt wahr, und achten Sie auf Auffälligkeiten:

* Die Stadt: »Schön haben Sie es hier in Regensburg.«
* Die Schwarzweißfotos von Venedig: »Ich habe mich an der Volkshochschule für einen Kurs ›Schwarzweißfotografie für Anfänger‹ eingeschrieben. Ich freue mich schon sehr darauf.«

Der schwierige Schritt ins Freie des Gesprächs

- Den unbekannten Cocktail zum Aperitif: »Der schmeckt ja lecker. Wissen Sie, wie der gemixt ist?«
- Das Hotel: »Ist das hier nicht wie im Paradies? Idyllischer kann man es sich nicht wünschen.«

Ein Tip für Fortgeschrittene: Wählen Sie als Aufhänger eine möglichst erfreuliche Beobachtung. Dadurch wirken auch Sie als Person automatisch gutgelaunt und positiv. Der Satz »Herrliches Wetter, heute« zaubert nämlich ganz von selbst ein Lächeln auf die Lippen und ein Strahlen in die Augen. Bei der Bemerkung »Scheußlich, der Dauerregen, nicht?« verziehen wir dagegen unwillkürlich das Gesicht. Probieren Sie es einmal vor dem Spiegel aus!

Fragen sind der direkteste Weg, ein Gespräch in Gang zu bringen.

... »In welcher Verbindung stehen Sie zu unserem Gastgeber?«
... »Haben Sie schon öfter an dieser Tagung teilgenommen?«
... »Habt ihr euch in Dresden gut eingelebt?«
... »Warum sind Sie vom Skifahren aufs Snowboarden umgestiegen?«

Vermeiden Sie es aber, Ihren Gesprächspartner ins Kreuzverhör zu nehmen: Wie alt sind Sie? Was verdient man denn da so? Man hört ja, daß es mit Ihrer Firma wieder bergauf geht? Solche direkten Fragen verlangen etwas mehr Intimität, als in einem Vier-Minuten-Gespräch entstehen kann.

Gemeinsame Bekannte sind oft die erste Verbindung zwischen Fremden. Vielleicht stellt sich heraus, daß Ihr Gegenüber im gleichen Vorort wie Ihre Kollegin wohnt, daß Sie und Ihr Gesprächspartner zur gleichen Krankengymnastin

61

gehen oder daß Sie die Schwiegereltern der neuen Bekannten aus dem Gartenbauverein kennen. Solche gemeinsamen Bezugspunkte fördern die Sympathie und ebnen den Weg zum nächsten Thema – die günstige S-Bahn-Verbindung in die Innenstadt, die hartnäckigen Rückenschmerzen, die reiche Apfelernte im Garten.

Komplimente eignen sich gut dafür, alte Bekanntschaften aufzufrischen. Sie verbreiten eine wohltuende Atmosphäre und legen gleichzeitig einen ersten Themenbereich fest: Frisur, Urlaub, Mode, Kinder, das Thema des Vortrags.

... »Ich freue mich, daß Sie sich wieder als Klasseneltern-sprecherin zur Verfügung stellen.«

... »Das Kleid steht Ihnen wunderbar. Haben Sie das hier in Freiburg gefunden?«

... »Sie sehen richtig gut erholt aus.«

... »Frau Ranstedt hat mir Ihre Praxis empfohlen. Sie sagt, wenn jemand den Zahn retten kann, dann Sie.«

... »Ich erinnere mich sehr gut an Sie – wir haben uns damals bei Ottos Fünfzigstem so angeregt unterhalten.«

... »Ich fand Ihren Vortrag sehr aufschlußreich.«

Ein anderer guter Einstieg sind kleine Erlebnisse, die in unmittelbarem Zusammenhang mit dem Gesprächsanlaß stehen. Erwähnen Sie den Stau auf dem Herweg oder die mühsame Parkplatzsuche. Erzählen Sie, daß Sie

... in diesem Restaurant Ihre Hochzeit gefeiert haben,

... nach zehn Jahren zum ersten Mal wieder in der Stadt sind,

... fürchten, auf dem Weg ins Kongreßzentrum geblitzt worden zu sein,

... den ganzen Nachmittag an der Installation von T-Online gebastelt haben und sich deshalb besonders über die Einladung zum Abendessen freuen.

Eingestreute Informationen über die eigene Person gehören zu den wichtigsten Wegbereitern für ein flüssiges Gespräch. Unterhaltungen fließen einfach leichter, wenn wir im Lauf des Gesprächs erfahren, daß unsere Gesprächspartnerin gerade eine neue Wohnung sucht, Steinbock ist und am Wochenende im Café »Moritz« jobbt. Diese Informationen helfen uns, geeignete Gesprächsthemen anzuschneiden (»Glücklicherweise sind die Engpässe auf dem Mietmarkt ja weitgehend überwunden«) und Fauxpas zu vermeiden (»Mein Chef ist ein typischer Steinbock – stur wie ein Esel«).

Geizen Sie deshalb auch Ihrerseits nicht mit persönlichen (aber nicht intimen) Informationen über sich selbst:

... »Seit ich regelmäßig Fitneß mache, fühle ich mich ...«
... »Wir haben zwar noch keine Kinder, aber ich kann mir gut vorstellen, daß ...«
... »Wir sind ja hier alle etwa der gleiche Jahrgang ...«
... »Als Tina-Turner-Fan ...«

Achten Sie aber darauf, daß Ihre Informationssplitter das Gespräch wirklich weiterbringen und nicht nur Ihrer Selbstdarstellung dienen. Wer im ersten Gespräch nicht nur einfließen läßt, daß er S-Klasse fährt, sondern auch, daß er Hobbyflieger ist, in Florida überwintert, mit dem Landrat Golf und mit dem Polizeipräsidenten Skat spielt, dem geht es offensichtlich um nichts als die eigene Aufwertung.

Selbstoffenbarungen sind Informationen, die schon einen etwas vertraulicheren Charakter haben. Indem wir etwas von uns preisgeben, signalisieren wir, daß wir bereit sind, die Ebene der unverbindlichen Small-talk-Themen zu verlassen. Wir würden den anderen gern näher kennenlernen.

... »Ich war ein unglaublich schüchternes Kind.«
... »Ich frage mich, wie es wäre, wieder Single zu sein?«
... »Ich kann mir gut vorstellen, nach der Pensionierung in den Süden zu ziehen.«

Solche Bemerkungen sind Versuchsballons. Wenn der Gesprächspartner nicht darauf eingeht, ist er (noch?) nicht bereit, den Kontakt zu vertiefen.

Den Ball auffangen

Im Urlaub in Mallorca, am Frühstücksbuffet. Ein Hotelgast spricht Sie an:

>»Wir wollen heute eine Inselrundfahrt unternehmen: Cap de Formentor, Kloster Lluc, dann die Küste entlang über Dejà und Sóller nach Valldemossa.«
>»Aha.«
>»Hatten Sie schon Gelegenheit, sich die Insel näher anzusehen?«
>»Ja, ich war schon öfter hier.«
>»Dann kennen Sie Mallorca wohl gut?«
>»Eigentlich schon.«

So entsteht kein Gespräch. Ihr Gegenüber kann sich noch so sehr anstrengen – wenn Sie auf keines der angebotenen Themen einsteigen, endet das Gespräch in der Sackgasse. Eine Unterhaltung kann sich nur entwickeln, wenn Sie den Ball, den der andere Ihnen zuwirft, auffangen und zurückspielen. Zum Beispiel so:

>»Wir wollen heute eine Inselrundfahrt unternehmen: Cap de Formentor, Kloster Lluc, dann die Küste entlang über Dejà und Sóller nach Valldemossa.«
>»Da haben Sie sich ja einiges vorgenommen.«
>»Glauben Sie, das ist zu viel für einen Tag?«
>»Nicht unbedingt. Aber wir haben uns allein für Valldemossa fast einen Tag Zeit genommen. Als Chopin-Fan wollte ich gern ein Konzert in der Kartause hören.«
>»Das klingt ja interessant. Ich kenne mich zwar mit Klas-

sik nicht so gut aus, aber ein Klavierkonzert in der Kartause stelle ich mir sehr romantisch vor. Wie sind Sie denn an die Karten gekommen?«

»Soviel ich weiß, findet jeden Dienstag und Freitag ...«

Jetzt ist das Geben und Nehmen ausgewogen: Beide Gesprächspartner fühlen sich für den Gesprächsverlauf verantwortlich und nähren ihn mit einem Mix aus Fragen, Kommentaren und Selbstoffenbarung. Gespräche, die sich so entwickeln, bereichern den Alltag, bringen neue Informationen und sind im besten Fall der Beginn einer wunderbaren Freundschaft.

Ein guter Abgang

Ganz gleich, ob sich Gesprächspartner lebhaft unterhalten oder einander angeödet haben: Es ist immer schwierig, den richtigen Moment für den Absprung zu finden und den Abschied nicht zu früh, zu abrupt oder zu spät einzuleiten.

DER RICHTIGE ZEITPUNKT

Der amerikanische Psychologe Leonard Zunin hat ermittelt, daß ein flüchtiges Gespräch im Schwimmbad, an der Bus-Haltestelle oder im Supermarkt mindestens vier Minuten dauern muß, wenn wir unser Gegenüber nicht durch Kurzangebundenheit brüskieren wollen. Danach können Sie sich von Zufallsbegegnungen ohne weiteres verabschieden: »Also dann ...

... lassen Sie sich nicht aufhalten – Sie wollen sicher unter die Dusche.«

... wir sehen uns doch am Samstag beim Adventssingen?«

... ich muß mich beeilen, die Parkuhr läuft ab.«

Bei längeren Gesprächen erkennen Sie oft an der Körpersprache oder am Gesprächsverhalten Ihres Gegenübers, daß es an der Zeit ist zu gehen: Wenn Sie merken, der andere wird nervös, schaut auf die Uhr oder im Raum herum, tritt von einem Fuß auf den anderen oder beschränkt sich auf einsilbige Antworten, so ist das ein klares Zeichen, daß Sie besser zum Ende kommen sollten.

Schwieriger ist es, sich von einem Gesprächspartner zu lösen, der am liebsten noch stundenlang weiterreden würde. Viele Menschen machen in dieser Situation den Fehler, das Gespräch versickern zu lassen. Oder sie verschwinden mit einer Ausrede (»Ich muß mal kurz zu Hause anrufen«, »Ich glaube, ich hole mir noch etwas Nachtisch«) – um dann nie mehr zurückzukehren. Beides ist dazu angetan, den guten Eindruck zunichte zu machen, den Sie vorher im Gespräch aufgebaut haben. Höflicher ist es, wenn Sie den Stier bei den Hörnern packen und sich nach einer angemessenen Zeit ohne großes Federlesen empfehlen: »Entschuldigen Sie mich bitte. Es war sehr nett, Sie zu treffen.«

DIE RICHTIGEN WORTE

Genau wie für die Selbstvorstellung gibt es auch für den höflichen Abschied ein festes Protokoll:

- Warten Sie, bis Ihr Gesprächspartner einen Gedanken zu Ende gebracht hat.
- Lächeln Sie, und sagen Sie dann in lebhaftem Ton:
  »Ich habe das Gespräch mit Ihnen sehr genossen. Ich glaube, das ist mein Kind, das da so schreit.«
  »Entschuldigen Sie mich bitte. Ich muß mich um den Nachtisch kümmern.«
  »Dort drüben steht eine frühere Mitarbeiterin von mir, und ich möchte ihr kurz hallo sagen.«
  »Es war schön, Sie kennenzulernen. Ich wünsche Ihnen noch einen schönen Aufenthalt.«

Achten Sie bei der Verabschiedung auf eine entschlossene Sprache und Körpersprache. Auch wenn Sie das Gefühl haben, Ihr Gesprächspartner hätte die Unterhaltung gerne noch fortgesetzt: Sie brauchen kein schlechtes Gewissen zu haben, sich nach einer angemessenen Zeit anderen Gästen, Kursteilnehmern, Besuchern zuzuwenden.

- Lösen Sie den Augenkontakt, und gehen Sie entschlossen ein paar Meter weiter.

ABSCHIED MIT FOLGEN

Ein bißchen anders sieht die Verabschiedung aus, wenn Sie sich sehr gut unterhalten haben und den Kontakt gerne fortsetzen oder vertiefen würden. Dann sollten Sie Ihr Interesse beim Abschied signalisieren: »Es war schön, daß wir uns wieder mal getroffen haben. Ich faxe Ihnen den Artikel über die neue Rechtssprechung gleich morgen zu.« Oder: »Ich habe mich schon lange nicht mehr so angeregt unterhalten. Vielleicht können wir ja nächste Woche mal zusammen einen Kaffee trinken? Rufen Sie mich doch an. Ich würde mich sehr freuen.« Sprechen Sie solche Einladungen und Aufforderungen aber wirklich nur aus, wenn Ihnen ehrlich an einer Fortführung der Beziehung gelegen ist.

Besonderes Fingerspitzengefühl verlangt die Verabschiedung, wenn Sie wissen, daß eine Bekannte neu im Club ist, auf der Stehparty niemanden außer Ihnen kennt oder zu scheu ist, sich einer anderen Gruppe anzuschließen. In diesem Fall ist es freundlich, sie in den eigenen Kreis einzuführen: »Da drüben steht Frieder Baumann. Er hat meinem Sohn letztes Jahr Nachhilfe in Französisch gegeben. Wenn Sie möchten, mache ich Sie mit ihm bekannt – vielleicht kann er Sie bei der Betreuung der französischen Delegation unterstützen.«

Kontakte pflegen

Sie können beim Small talk in der U-Bahn, nach dem Theater oder beim Sommerfest des Ortsvereins noch so charmant lächeln und gewandt plaudern – um Freundschaften zu schließen und Netzwerke zu knüpfen braucht es mehr: Zeit, Energie, Aufmerksamkeit, ein gutes Gedächtnis. Die folgenden Tips helfen Ihnen, Kontakte nicht nur anzubahnen, sondern auch zu pflegen.

Halten Sie Versprechen ein. Ganz gleich, was Sie einem neuen Bekannten versprochen haben – einen Artikel über Zen-Buddhismus, die Adresse Ihrer Heilpraktikerin oder das Vorabexemplar eines neuen Buches – schicken Sie es ihm gleich am nächsten Tag mit einer kurzen Notiz zu.

Wagen Sie den ersten Schritt. Sie waren Zimmergenossinnen auf der Entbindungsstation. Sie bekamen am selben Tag ihr Baby. Sie verstanden sich wunderbar. Sie versicherten einander, in Kontakt zu bleiben. Als Meike nach drei Wochen noch immer nichts von Tina gehört hat, schickt sie ihr eine Karte, berichtet von den Fortschritten ihres Babys und bittet sie, sich doch mal zu melden. Keine Antwort. Dabei ist Meike sicher, daß ihre Sympathie im Krankenhaus auf Gegenseitigkeit beruhte. Obwohl sie Tinas Schweigen kränkt, überwindet sie ihren verletzten Stolz und ruft sie an. Das Herzklopfen wäre nicht nötig gewesen: Tina ist begeistert, bedankt sich für Meikes Brief, erzählt von dem Streß mit dem neuen Baby und den Eifersuchtsanfällen der beiden älteren Kinder, will wissen, wie Meike mit der neuen Mutterrolle klarkommt, ob sie ihren Job vermißt, ob der kleine Leon schon durchschläft. Und sie lädt Tina ein, doch mit Leon zu dem Babyschwimmen zu kommen, das sie einmal im Monat organisiert.

Tinas Nachlässigkeit, den Kontakt zu Meike weiterzuverfolgen, beruht nicht auf Desinteresse oder mangelnder Sympathie. Als dreifache Mutter mit einem großen Bekanntenkreis hat sie ganz einfach zu viel um die Ohren, um zum Telefonhörer zu greifen oder einen Brief so schnell zu beantworten, wie es sich eigentlich gehörte.

Deshalb: Auch wenn Sie enttäuscht sind, daß der andere einen gelungenen ersten Kontakt nicht fortsetzt – vertrauen Sie Ihrem Gefühl, und signalisieren Sie Ihr Interesse. Die Chancen stehen gut, daß die umworbene Person sich geschmeichelt (und ein bißchen schuldbewußt) fühlt und positiv reagieren wird.

Erinnern Sie sich an die Details. Es berührt, wenn wir feststellen, daß jemand sich an unsere kleinen Eigenheiten erinnert. Wir fühlen uns wertgeschätzt, wenn

- uns der Verkäufer schon beim zweiten Einkauf mit Namen anspricht,
- die Arzthelferin sich daran erinnert, daß sie bei der letzten Blutentnahme die Vene erst einmal nicht gefunden hat,
- der Chef nachfragt, ob die neue Eigentumswohnung termingerecht fertig wird.

In der Familie und unter guten Freunden kennt man die Vorlieben und Abneigungen der anderen. Bei Menschen, mit denen wir seltener zu tun haben, müssen wir unserem Gedächtnis für die Details meistens etwas nachhelfen: durch ein Adreßbuch, einen Ordner für Visitenkarten oder eine kleine Datenbank am PC, wo wir uns nicht nur Namen, Adressen und Telefonnummern notieren, sondern auch private Daten: »Isa Hauptmann – 15. Januar 1998, Flughafen Tegel, 2 Std. Verspätung, baut Feinkost-Service auf.« So gerüstet, wissen Sie Monate später nicht nur, wer das kalte Büffet für Ihr Sommerfest liefern könnte. Sie können obendrein an die Begegnung am Flughafen anknüpfen. Mit dem Erfolg, daß Frau Hauptmann sich mit Ihrer Party vermutlich besonders viel Mühe geben wird.

Bleiben Sie am Ball. Nicht alle Begegnungen entwickeln sich zu Freundschaften. Trotzdem haben die meisten von uns ein Netz von flüchtigen Bekannten, die wir zwar nicht oft sehen, die aber doch Farbe in unser Leben bringen: die Kollegin aus der alten Firma, mit der man einmal im Jahr Kaffee trinkt und die alten Zeiten durchhechelt; der Student aus dem Volleyballverein, der uns beim Kauf des neuen Computers berät; das nette Ehepaar in Kaiserslautern, das man vor Jahren im Urlaub kennengelernt hat; der Onkel der Schwägerin, mit dem man sich bei Taufen und runden Geburtstagen stundenlang über Meeresbiologie unterhält; der Geschäftspartner, mit dem man zwei-, dreimal im Jahr Squash spielt. Solche losen Kontakte schlafen leicht ein, wenn man es versäumt, sich von Zeit zu Zeit zu melden – eine Karte aus dem Urlaub zu schreiben, zum Geburtstag zu gratulieren, einen Cartoon zu faxen, ab und zu anzurufen, einfach um Hallo zu sagen.

6

Parkettsicher

Stepan Arkadjitsch trat in den Salon, bat um Entschuldigung, erklärte, er sei von dem Fürsten N.N. aufgehalten worden, der ihm immer als Sündenbock diente, wenn er zu spät oder überhaupt nicht kam, und machte alle Gäste in einer Minute miteinander bekannt. Er brachte Alexej Alexandrowitsch und Sergej Kosnyschwew zusammen und warf ihnen die Russifizierung Polens als Gesprächsthema hin, in das sie sich zusammen mit Peszow sogleich verbissen. Er klopfte Turowzyn auf die Schulter, flüsterte ihm etwas Komisches zu und setzte ihn zu seiner Frau und dem Fürsten. Dann sagte er zu Kitty, sie sei heute besonders hübsch, und stellte den jungen Schtscherbatzkij Karenin vor. In einer Minute hatte er die ganze Gesellschaft wie einen Teig so gut durchgeknetet, daß die Stimmung im Salon ausgezeichnet war und die Stimmen immer lauter und lebhafter klangen.

Leo Tolstoj, *Anna Karenina*

Gesellschaftlicher Schliff ist wieder gefragt. Eine immer größer werdende Auswahl moderner Benimmbücher erteilt daher Nachhilfe in Fragen des guten Tons: wie man fachgerecht mit dem Besteck umgeht, wer wen zuerst grüßt, wie man Gäste stilvoll einlädt, wie man eine Visitenkarte gestaltet. Zum echten gesellschaftlichen Erfolg gehört noch mehr: Es reicht nicht aus, im Smoking eine gute Figur zu machen und dem Hummer elegant zu Leibe zu rücken, wenn man andererseits im Gespräch mit dem Tischnachbarn von einem Fettnäpfchen ins nächste tritt. Ein Blumenstrauß, der, vorschriftsmäßig vom Papier befreit, der Dame des Hauses überreicht wird, kann ein paar ungezwungene Begrüßungsworte nicht ersetzen. Zu wissen, daß man Kranke nicht unangemeldet besucht, löst noch nicht die Frage, worüber man mit ihnen redet. Wie Sie diese und andere gesellschaftliche Situationen auch verbal meistern können, erfahren Sie in diesem Kapitel.

Rücksichtnahme, Takt und Höflichkeit

Auf ihrem letzten Klassentreffen hatte meine Freundin Regina ein Erlebnis, das sie nachhaltig beschäftigte. Einer ihrer ehemaligen Mitschüler äußerte die Meinung, mit Leuten ohne Abitur könne man sich einfach nicht auf einem vernünftigen Niveau unterhalten. Reginas Mann hat Hauptschulabschluß. Sie verzichtete darauf, den anderen bloßzustellen – etwa mit dem ironischen Einwurf, sie lasse sich trotzdem gelegentlich zu einer Unterhaltung mit ihrem Mann herab. Sie beeilte sich aber, das Gespräch möglichst schnell zu beenden. Reginas Verhalten wurde von dem bestimmt, woran es ihrem Gesprächspartner mangelte: Rücksichtnahme, Takt und Höflichkeit.

Es liegt auf der Hand: Gespräche laufen besser und harmonischer, wenn wir uns die möglichen Bedürfnisse und die eventuellen wunden Punkte der anderen bewußt machen und unser Verhalten darauf abstimmen. Also zum Beispiel darauf verzichten, die Fehler eines Gesprächspartners zu korrigieren, und ihm statt dessen helfen, sein Gesicht zu wahren. Neulinge, die niemanden kennen, mit ins Gespräch ziehen. Der Gastgeberin zu der gelungenen Tischdekoration gratulieren. Oder die Kochkünste des Hausherrn loben. Laut und deutlich sprechen, statt die Konzentration und Kombinationsgabe des Zuhörers unnötig zu strapazieren. Und nicht mit halbem Ohr die Diskussion am Nachbartisch verfolgen oder mit den Augen den Raum absuchen, während jemand versucht, sich mit uns zu unterhalten. Auf ungebetene Ratschläge verzichten. Und in den ehelichen Disputen unserer Freunde höchstens scherzhaft Partei ergreifen.

Manchmal kann es sogar taktvoller, höflicher und rücksichtsvoller sein, sich über Benimmregeln hinwegzusetzen, als sie einzuhalten: In meiner Familie zum Beispiel neigen alle dazu, in lebhaften Gesprächen durcheinander zu reden. Kein gutes Benehmen, ohne Frage, aber wir kommen alle damit zurecht. Für meinen Mann war dieses Verhalten anfangs eine Tortur: Er kam selten zu Wort, da er niemanden unterbrechen wollte. Und wenn er einmal redete, fühlte er sich ständig brüskiert, weil er das Gefühl hatte, keiner höre zu. Inzwischen spielt er das Spiel mit. Wenn er mit meiner Familie zusammen ist, mißachtet nun auch er öfter die Regel »Fall niemandem ins Wort«. Wir fühlen uns alle viel wohler so, als wenn er sich um der Benimmregeln willen ständig aus Gesprächen ausschließen würde. Ganz wirkungslos blieb sein diszipliniertes Gesprächsverhalten übrigens nicht: Wir lassen uns jetzt gelegentlich auch einmal ausreden.

Begrüßen

Der Abteilungsleiter betritt Ihr Büro. Sein Gesichtsausdruck ist muffig, seine Stimme klingt gepreßt. Mühsam rafft er sich zu einem »Guten Morgen« auf. Eines ist sicher: Mit Ihrer Stimmung sinkt auch Ihre Bereitschaft, sich auf ein Gespräch einzulassen, eine Bitte zu erfüllen, eine Kritik sachlich anzunehmen. Keine Frage: Die ersten Momente einer Begegnung prägen ihren weiteren Verlauf. Eine freundliche Begrüßung bereitet den Weg für ein gelungenes Gespräch. Signalisieren Sie also Ihre positive Einstellung: »Ich freue mich, Sie zu sehen.« »Schön, daß Sie gekommen sind.« »Toll, daß wir uns mal treffen.« Blickkontakt und ein freundliches Lächeln tun ein übriges.

In Stimmung kommen. Lippenbekenntnisse überzeugen niemanden. Jeder spürt es, wenn der, der sich wortreich über die Begegnung freut, in Wirklichkeit nur darauf wartet, einen schnellstmöglich wieder loszuwerden. Freude zu heucheln, bringt also nichts. Andererseits: Sich seine Unlust ungeschminkt anmerken zu lassen, ist wenig höflich und verhindert von vornherein, daß die Begegnung ein Erfolg wird. Ein kleiner Trick kann helfen: Lächeln Sie, bevor Sie bei Ihrem Gastgeber läuten, die Telefonnummer Ihres Chefs wählen oder dem Steuerprüfer die Tür öffnen. Oder denken Sie an etwas Schönes: Ihre bevorstehende Urlaubsreise, Ihr soeben fertiggestelltes Konzept, das angeregte Gespräch mit der Kollegin. Bei gesellschaftlichen Anlässen hilft manchmal auch ein halbes Glas Sekt, der Begegnung mit Fremden und flüchtigen Bekannten gelassener ins Auge zu sehen. Der springende Punkt ist: Tun Sie etwas, das Ihre Stimmung hebt. Dann brauchen Sie die gute Laune nicht vorzutäuschen. Ihre Stimme wird fröhlich klingen, Ihr Lächeln auch Ihre Augen erreichen.

Den Namen nennen. »Vergessen Sie nie, daß für jeden Menschen sein Name das schönste und wichtigste Wort ist«, rät Dale Carnegie in seinem Bestseller *Wie man Freunde gewinnt.* Es ist wahr: Ein »Guten Tag«, »Hallo« oder »Grüß dich« kommt viel besser an, wenn der Name des Begrüßten angefügt ist. Vor allem, wenn der andere gar nicht damit rechnet, daß man seinen Namen noch weiß: Es schmeichelt ihm, daß er bleibenden Eindruck hinterlassen hat.

Leider besitzt nicht jeder ein gutes Namengedächtnis. Aber man kann es trainieren: Hören Sie bewußt zu, wenn jemand sich Ihnen vorstellt oder Ihnen vorgestellt wird. Verwenden Sie den Namen sofort – gleich im nächsten Satz: »Herr Weitershagen, es freut mich, Sie kennenzulernen.« Falls Sie den Namen nicht ganz mitbekommen haben, fragen Sie nach: »Es tut mir leid, ich habe Ihren Namen nicht richtig verstanden.« Dafür hat jeder Verständnis. Schwierige Namen gehen leichter über die Lippen, wenn man sie vorher regelrecht einübt. Vor kurzem kam eine neue Schülerin mit dem Namen Pembegyl in meine Klasse. Ich habe den Namen so lange laut vor mich hingesprochen, bis er mir so vertraut war wie Christina, Sabine oder Melanie. So konnte ich die Kleine an ihrem ersten Schultag ohne Zögern mit »Hallo, Pembegyl« begrüßen.

Der Händedruck. Er gehört meistens zur Begrüßung dazu. Der ideale Händedruck ist fest, geht aber nicht an die Schmerzgrenze. Er dauert 2 bis 3 Sekunden – was länger währt, wird von Menschen, denen Distanz wichtig ist, eher als Freiheitsberaubung denn als freundliche Geste empfunden. Feuchte Hände drückt niemand gerne. Sie entlarven außerdem die eigene Nervosität. Wer das vermeiden will, sollte sich die Hände vorher unauffällig mit einem Taschentuch trockenreiben. Unangenehm für beide Seiten sind auch kalte Hände. Am besten, Sie gehen in die Offensive: »Es tut mir leid, meine Hände sind ganz eisig. Bei diesem Wetter sollte man eigentlich die Handschuhe wieder hervorholen.« Damit verhindern Sie, daß der Eindruck entsteht, Sie seien furchtbar aufgeregt oder nicht ganz gesund. Und Sie haben schon einen kleinen Gesprächsköder ausgeworfen.

Wer zu einer größeren Gruppe stößt, braucht nur den Gastgeber per Handschlag zu begrüßen. Es reicht, den anderen Gästen freundlich zuzunicken und ein allgemeines »Hallo zusammen!« oder »Guten Abend« in die Runde zu werfen.

Entschuldigen

Eigentlich geht es ganz einfach: »Es tut mir sehr leid, aber wir können nicht allzu lange bleiben. Unser Babysitter hat nur zwei Stunden Zeit.« »Verzeihen Sie bitte, daß ich Sie unterbreche. Ich möchte Sie mit Herrn Kruse bekannt machen.« »Ich möchte mich für meine heftige Reaktion gestern entschuldigen. Ihre Kritik war völlig berechtigt.« Trotzdem hört man Worte der Entschuldigung verhältnismäßig selten. Sicher, jeder halbwegs wohlerzogene Mensch entschuldigt sich, wenn er einem anderen versehentlich auf die Füße tritt, Rotwein über das Kleid der Tischnachbarin schüttet, zu spät kommt oder früher weg muß. Geht's allerdings um echtes Fehlverhalten, drücken sich die meisten vor einer eindeutigen Geste der Entschuldigung. Man tut lieber bei der nächsten Begegnung so, als ob nichts gewesen wäre, und zeigt sich diesmal von einer besseren Seite.

Fehler einzugestehen beweist Größe und Souveränität. Es vermittelt außerdem, daß einem wirklich etwas an der gemeinsamen Beziehung liegt. Die Wahl der Worte ist dabei gar nicht so wichtig – entscheidend ist das ehrliche Bedauern. Geheuchelte Reue wird meist durchschaut und bringt den anderen höchstens noch mehr auf die Palme.

Entschuldigungen annehmen. Eine ehrliche Entschuldigung großzügig zu akzeptieren, das gebieten Menschlichkeit und Höflichkeit. Nur Kleingeister lassen sich mehrmals bitten, ehe sie aus ihrem Schmollwinkel herauskommen. Schließlich weiß jeder, daß eine Entschuldigung eine Menge Überwindung kostet. »Vergeben und vergessen« sollten keine leeren Worte sein. So wenig wie »Es ist schon in Ordnung«, »So schlimm fand ich es nicht«, »Begraben wir die Sache« oder »Schön, daß du dich noch mal gemeldet hast.«

Vorsicht vor »rituellen Entschuldigungen«. Manche Menschen entschuldigen sich öfter als nötig. Sie übernehmen bei brenzligen Situationen sofort eine Teilschuld, um einen Gesichtsverlust des Gesprächspartners zu verhindern. Wie die Gastgeberin, die großzügig über die zerbrochene Kristallvase hinweggeht: »Tut mir leid, ich hätte die Vase weiter nach hinten stellen sollen.« Mit ihrer Entschuldigung will sie dem Besucher die peinliche Situation erleichtern. Natürlich rechnet sie nicht damit, daß der Gast die Geste ausnutzt, die Verantwortung für das Mißgeschick nun völlig von sich zu weisen: »Es war wirklich dumm, die Vase ausgerechnet hierhin zu stellen.« Sondern seinen Teil der Schuld anerkennt: »Wenn ich besser aufgepaßt hätte, wäre das nicht passiert.«

Deborah Tannen nennt dieses Verhalten »rituelle Entschuldigung«. Sie fand heraus, daß Frauen viel stärker dazu neigen als Männer. Der Grund: Harmonie und Ausgleich sind typisch weibliche Bedürfnisse. Viele Männer sind dagegen von klein auf daran gewöhnt, die Welt in Sieger und Verlierer einzuteilen. Wenn nur einer der Gesprächspartner die rituelle Entschuldigung praktiziert, ist er der Dumme. Stellen Sie öfter fest, daß Ihnen die Alleinschuld zugeschoben wird, ohne daß Sie etwas falsch gemacht haben, sollten Sie Deborah Tannens Rat ausprobieren: »Wenn Sie keine Schuld trifft, dann übernehmen Sie auch nicht die Verantwortung. Beißen Sie sich lieber auf die Zunge.«

Gespräche mit Kindern

»Du bist aber groß geworden!« Wer glaubt, daß dieser Spruch bei den Kids von heute mehr Begeisterung auslöst als früher bei uns selbst, irrt sich. Ähnlich verhält es sich mit Fragen nach dem Schulerfolg: Den meisten Schülern ist das Thema eher peinlich. Und womöglich ergreifen die Eltern die Gelegenheit, den Herrn Sohn oder das Fräulein Tochter daran zu erinnern, sich endlich auf die nächste Klassenarbeit vorzubereiten. Dann ist die Unterhaltung garantiert beendet. Ausnahmen bestätigen die Regel: Ein Drittkläßler, der gerade die ersten Zeugnisnoten seines Lebens nach Hause gebracht hat, wird mit Wonne davon erzählen – vorausgesetzt, die Noten waren ein Erfolg.

Überhaupt gilt: Themen, die dem Kind die Möglichkeit geben, von Erfolgen zu berichten, sind immer gut. Wer den Erzählungen der Eltern zugehört hat, weiß meistens über die einschlägigen Ereignisse Bescheid: die Hauptrolle im Musical der Unterstufe, den Sieg bei der Fahrradrallye, die bestandene Aufnahmeprüfung fürs Gymnasium. Wer solche Themen anspricht und Kinder als Gesprächspartner ernst nimmt, öffnet in aller Regel (fast) mühelos die Schleusen der Beredsamkeit und hat eher Probleme, die Unterhaltung zu beenden, als sie in Schwung zu bringen.

Die nötige Distanz. »Aber ihre Schokolade ist voll gut!« tröstet sich der kleine Junge im Werbespot einer Schokoladenfirma, nachdem er die Zärtlichkeitsausbrüche seiner Tante über sich ergehen lassen mußte. Merke: Kinder sind keine Kuscheltiere!

Manchmal scheinen wir es zu vergessen: Kinder haben eigene Namen. Klausi, Basti und Katrinchen entwachsen den Kosenamen der Erwachsenen meist viel schneller, als diese es merken. Sie können bei Mäuschen, Hase oder Herzchen Pluspunkte sammeln, wenn Sie sie mit ihrem richtigen Namen ansprechen.

Ähnliches gilt für die Babysprache: Anders als offenbar angenommen, öffnet sie uns nicht das Herz der lieben Kleinen. Eher ernten wir Protest: »Ich bin doch kein Baby mehr!« Wir blamieren uns ganz umsonst.

Kleine Geschenke erhalten die Freundschaft – oder fördern ihren Beginn. Vor allem, wenn Sie das Mitbringsel nach seinen gesprächsfördernden Eigenschaften auswählen: Beim gemeinsamen Turmbau, Puzzlen oder Krocket-Spiel schließt man schnell Freundschaft. Aber übertreiben Sie es nicht: Mit Spielzeugpistolen, zweifelhaften Computerspielen oder Unmengen von Gummibärchen machen Sie sich zwar bei Kindern beliebt, bei den dazugehörenden Eltern dagegen weniger.

Kondolieren

Letztes Jahr starb der Bruder einer Bekannten bei einem Autounfall. Ich erfuhr es von einer gemeinsamen Freundin – allerdings zu spät, um eine Beileidskarte zu schreiben. Also entschloß ich mich anzurufen. Doch was sollte ich bloß sagen? Ziemlich beklommen wählte ich die Nummer. Nach der Begrüßung fing ich dann an: »Susanne hat mir von deinem Bruder erzählt. Es tut mir sehr leid. Das ist schrecklich für dich und deine Eltern.« Anna wechselte ziemlich rasch das Thema. Ihre Reaktion bestärkte mich in dem Gefühl, daß meine mühsam zurechtgelegten Sätze ungeschickt und unzureichend waren. Dabei hätte ich sie gerne etwas getröstet und nicht nur meine Höflichkeitspflicht erfüllt. Einige Monate später sprach Anna dann von sich aus von ihrem ersten Weihnachten nach dem Unfall. Anscheinend war meine Botschaft doch angekommen: Ich denke an dich, und ich fühle ehrlich mit dir. Und auch: Ich scheue mich nicht, über Tod und Schmerz zu sprechen.

Egal, was wir sagen: Nichts kann einem Trauernden den Schmerz des Verlustes erleichtern. Daher fühlen wir uns hilflos, schämen uns wegen der stereotypen Formeln, die wir aufsagen. Dazu kommt die tiefe Abneigung, uns mit der Zerbrechlichkeit unserer Existenz zu konfrontieren. Trauernde erinnern uns an unsere eigene Vergänglichkeit, an die ständig drohende Gefahr, daß der Tod eines nahestehenden Menschen unser Leben komplett verändert. So machen Trauernde oft die irritierende Erfahrung, daß Arbeitskollegen, Bekannte oder Nachbarn ihren Verlust zu ignorieren scheinen. Verletzlich, wie sie im Augenblick ohnehin sind, fühlen sie sich von ihrem Umfeld im Stich gelassen.

So schwer es fällt: Lassen Sie einen trauernden Menschen nicht im Ungewissen. Zeigen Sie ihm durch Worte, durch eine Berührung, daß Sie sich seines Schmerzes bewußt sind, daß Sie sich sorgen. Und wenn Ihnen die Worte fehlen, geben Sie es zu: »Ich weiß einfach nicht, was ich sagen soll.« Vergessen wir einmal unser Bedürfnis, uns gut darzustellen: Es geht doch wirklich nicht darum, mit einer besonders souveränen oder wohlformulierten Beileidsbekundung zu glänzen. Wichtig ist, daß der Trauernde spürt, daß hinter unseren Worten echte Anteilnahme steht.

Was Sie sagen könnten – wenn Sie es wirklich so meinen:

... »Ich kann es noch gar nicht fassen.«

... »Es ist ein großer Verlust. Ihr Vater war ein so lieber Mensch.«

... »Es tut mir leid, daß du so eine schwere Zeit durchmachen mußt.«

... »Kann ich dir irgendwie helfen?«

... »Es ist so schwer, die Mutter / den Vater / die Frau / den Mann / den Partner zu verlieren.«

... »Sie machen eine schwere Zeit durch. Ich wünsche Ihnen viel Kraft.«

... »Melde dich, wenn du reden willst. Ich bin jederzeit für dich da.«

Was Sie nicht sagen sollten – ohne gründlich darüber nachgedacht zu haben:

... »Du bist noch jung. Du kannst wieder ein Kind bekommen.«

... »Du bist noch jung. Du wirst wieder jemanden finden.«

... »Wenigstens seid Ihr durch die Lebensversicherung gut versorgt.«

... »Es war ein eindrucksvolles Begräbnis. Der große Chor war sicher sehr teuer.«

... »Es ist schon schlimm, wenn jemand in der Anonymität eines Krankenhauses sterben muß.«

... »Vielleicht ist es gut, daß es so gekommen ist. Wer weiß, ob er nach dem Schlaganfall nicht ein Pflegefall geworden wäre.«

Der Blick zurück. Es ist Teil der Trauerarbeit, über den verstorbenen Menschen zu sprechen. Gute Zuhörer helfen dabei. Wer eigene Erinnerungen an den Verstorbenen hat, kann selbst eine gemeinsam erlebte Geschichte beisteuern:

»Wolfgang und ich, wir haben uns damals gemeinsam aufs erste Staatsexamen vorbereitet. Vor der ersten mündlichen Prüfung war ich ein einziges Nervenbündel. Ich war kurz davor, das Ganze hinzuwerfen. Aber Wolfgang hat mir den Kopf gewaschen und mich dann bis zum Prüfungsraum gebracht: ›Damit du dich nicht doch noch abseilst.‹ Er war ein echter Freund.«

Kranke besuchen

Krankenhäuser schlagen aufs Gemüt. Der Anblick eines Bettlägerigen auch. Munter plaudern fällt da schwer. Trotzdem können wir mit unserem Besuch einem Kranken mehr mitbringen als Obst oder ein Taschenbuch. Optimismus zum Beispiel. Offenheit. Ablenkung. Oder praktische Unterstützung.

Optimismus und Lebensmut. Auch Gespräche am Krankenbett beginnt man am besten mit dem Naheliegenden: dem Befinden des Kranken. Deshalb sind Sie ja gekommen! »Wie geht es Ihnen?« »Haben Sie die Operation gut überstanden?« »Hast du noch Schmerzen?« »Dürfen Sie bald wieder nach Hause?« Zeigen Sie sich optimistisch: »Du siehst schon wieder viel besser aus.« »Bestimmt erholen Sie sich schneller, als Sie denken.« In leichteren Fällen schadet auch ein Schuß Ironie nichts: »Willst du dein Bett nicht langsam für wirklich Kranke räumen?« Solche Bemerkungen dürfen allerdings nicht völlig an der Realität vorbeigehen. Wer offensichtlich noch lange nicht über dem Berg ist, fühlt sich sonst womöglich nicht ernstgenommen.

Offenheit. Bei aller Anteilnahme – Fragen wie »Mußte die ganze Brust entfernt werden?« oder »Werden Sie nach Ihrem Schlaganfall in Frührente gehen?« verbietet der Takt. Andererseits sollte man, finde ich, die Dinge schon beim Namen nennen. Wenn Sie wissen, bei Ihrem Bekannten wurde Krebs diagnostiziert, sollten Sie das auch offen ansprechen. Das Thema totzuschweigen verhindert jedes halbwegs offene und unverkrampfte Gespräch. Außerdem: Darüber zu reden, nimmt der Krankheit etwas von ihrem Schrecken.

Fallgeschichten. »Die Mutter meiner Schwägerin hatte vor fünf Jahren auch …« Fallbeispiele ähnlicher Krankheitsbilder können aufmuntern – allerdings nur, wenn die Betroffenen noch am Leben und inzwischen wieder bei bester Gesundheit sind. Geschichten mit tragischem Ausgang verbieten sich von selbst.

Ablenkung. Sie spüren: Der andere will nicht oder nicht mehr über Krankheiten reden. Zeit, zu belanglosen Themen überzugehen, die den Kranken von seinen Schmerzen und Grübeleien ablenken. Überlegen Sie sich schon vor dem Besuch kleine Begebenheiten, von denen Sie erzählen könnten. Schonkost sollte es sein: unterhaltsam, aber keinesfalls aufregend. Sie erweisen der kranken Kollegin einen Bärendienst, wenn Sie darüber spekulieren, ob ihre Mitarbeiterin womöglich schon an ihrem Stuhl sägt. Erzählen Sie lieber vom tollen Rahmenprogramm der Jahrestagung, von den Heiratsplänen der Sekretärin oder vom Squash-Turnier der Entwicklungsabteilung. Auch gut: Bringen Sie einen Zeitungsausschnitt mit, von dem Sie glauben, er könnte den Kranken interessieren. Damit sorgen Sie für Gesprächsstoff und machen dem anderen die Freude, daß Sie an ihn gedacht haben. Oder Sie bringen das Thema auf ein Buch, das Sie beide in letzter Zeit gelesen, einen Film, den Sie beide gesehen haben, die Bundesligaspiele des letzten Wochenendes: Schließlich sind Lesen und Fernsehen für Kranke in der Regel die Hauptbeschäftigungen.

Praktische Unterstützung. Freunde, Nachbarn oder Kollegen können praktische Hilfe anbieten: Lebensmittel einzukaufen,

Geld abzuheben, die Katze zu versorgen, die Blumen zu gießen, Unterlagen aus dem Büro mitzubringen.

Der richtige Zeitpunkt. Krankenbesuche sollten keine Überfallkommandos sein. Nicht jeder ist begeistert, wenn sich Nachbarn, Arbeitskollegen oder Tennispartner an seinem Krankenbett versammeln. Manche lecken ihre Wunden am liebsten allein. Anderen ist es unangenehm, sich im Schlafanzug, mit bleichem Gesicht und der Infusionsnadel im Arm zu präsentieren. Außerdem kostet es große Anstrengung, lächelnd Konversation zu machen, während die Gedanken um die Frage kreisen, ob sich die entnommene Gewebeprobe als bösartig herausstellen wird.

Also: Klären Sie per Telefon mit dem Kranken, vielleicht auch mit seinen Angehörigen, ob er besucht werden kann und möchte. Besprechen Sie auch den Zeitpunkt Ihres Besuchs. So vermeiden Sie Massenaufläufe am Krankenbett. Zum einen ist da in der Regel wenig Platz. Zum anderen fällt es oft schon gesunden Menschen schwer, mehrere Gesprächspartner gleichzeitig zu jonglieren.

Komplimente und Anerkennung

»Widerspruch und Schmeichelei«, so Goethe, »machen beide ein schlechtes Gespräch.« Ehrliche Komplimente und echte Anerkennung bewirken das Gegenteil: Menschen, denen es gelingt, das Selbstwertgefühl der anderen durch aufrichtiges Lob zu stärken, sind angesehene und begehrte Gesprächspartner. Zwei Voraussetzungen braucht man, um eine Unterhaltung durch Komplimente bereichern zu können: ein offenes Auge und eine großzügige Einstellung. Wer nur mit sich selbst beschäftigt ist, nimmt die Leistungen anderer nicht wahr und kann sie folglich auch nicht würdigen. Und wer angesichts der Ledersitze im Auto des Kollegen oder des schicken Hosenanzuges der Geschäftspartnerin vor

Neid fast platzt, hat erst einmal genug mit seinen eigenen Gefühlen zu tun. Zu einem Kompliment kann er sich nicht aufraffen.

Gelegenheiten für Komplimente gibt es in Hülle und Fülle – es braucht nicht gleich ein sensationelles Forschungsergebnis, ein beeindruckender Vortrag oder eine brillante Idee zu sein.

»Ihre Krawatte paßt ausgesprochen gut zu Ihrem Anzug. Ein wirklich schönes Teil.« Immer mehr Männer achten auf ihr Outfit – und freuen sich, wenn das positiv auffällt. Die gute Stimmung schafft beste Voraussetzungen für den weiteren Gesprächsverlauf.

»Es ist köstlich, dir zuzuhören. Du erzählst unheimlich witzig.« Die Kunst, Geschichten unterhaltend zu erzählen, beherrscht nicht jeder. Menschen, die über diese Gabe verfügen, sind für jede Runde ein Riesengewinn. Hegen und pflegen wir sie – sie haben es verdient. Und wir wollen doch, daß sie gerne wiederkommen.

»Deine Haare sind immer toll geschnitten, Lisa. Zu welchem Friseur gehst du eigentlich?« Hier gewinnen beide: Lisa freut sich, weil ihre Frisur gut ankommt. Die Freundin findet so vielleicht endlich den richtigen Friseur für sich selbst. Doch Vorsicht: Die Sache darf nicht einseitig werden. Wenn Lisa immer wieder als Gegengabe für Komplimente Informationen liefern soll, könnte sie sich ausgenutzt vorkommen. Besser für die Beziehung: Die Freundin gibt ihrerseits bereitwillig ihre Geheimtips weiter. Zum Beispiel den Namen des Polsterers, der ihr abgeschabtes Sofa mit einer blau-weiß karierten Baumwollhusse überraschend preiswert zu neuem Leben erweckt hat.

Vom Sie zum Du

»Wir kennen uns jetzt schon so lange. Ich finde, wir könnten allmählich zum Du übergehen.« Die Kollegin, die das zu mir sagte, ist zehn Jahre älter als ich. Wir kannten uns seit drei Monaten und versuchten gerade gemeinsam, einen Papierstau am Kopiergerät zu beheben. Ich war ganz ihrer Meinung und freute mich über das Angebot, das ich nicht hätte machen können.

Noch immer gilt: Der Ältere bietet dem Jüngeren das Du an. Die Frau dem Mann. Der Vorgesetzte dem Mitarbeiter (was er sich gut überlegen sollte). Schwierig wird's, wenn ein jüngerer Mann Vorgesetzter einer älteren Frau ist und den Wunsch verspürt, sie in Zukunft mit »Du« und »Brigitte« anzusprechen. Wartet er darauf, daß sie als Frau und Ältere die Initiative ergreift? (Brigitte wird sich hüten.) Oder darf er von seinem Vorrecht als Ranghöherer Gebrauch machen? Ich finde, er sollte es einfach bei Sie und Frau Fink belassen. Das erspart Kopfzerbrechen und ist sowieso passender.

Wer das Du anbieten möchte, kann das so tun:

... »Ich fände es schön, wenn wir zum Du wechseln würden.«
... »Wollen wir nicht zum Du wechseln?«
... »Eigentlich ist mir das ›Sie‹ und ›Herr Nübler‹ zwischen uns viel zu formell. Wollen wir uns nicht auf ›du‹ und ›Frank‹ einigen?«

Rituale wie Bruderschaftstrinken und Bruderschaftskuß halte ich nur im privaten Bereich für angebracht. Im beruflichen Umfeld genügt es, das Angebot freundlich anzunehmen. Etwa so:

... »Gerne.«
... »Das finde ich auch. Ich freue mich.«
... »Das freut mich sehr.«

Sofern die Vornamen nicht bekannt sind, tauscht man sie aus: »Ich heiße Julius.« Oder bei Zweifeln: »Für den Fall, daß du es noch nicht weißt – ich heiße Julius.«

Peinlich, wenn man sich die Sache mit dem Du nicht genau überlegt hat. Wer sich am letzten Abend der Incentive-Tagung mit einem Angestellten verbrüdert hat, kann nur auf dessen Taktgefühl hoffen. Einfühlsame Mitarbeiter werden deshalb den Chef am nächsten Tag sicherheitshalber mit dem gewohnten Sie anreden und abwarten, ob der sie korrigiert. Andernfalls bleibt dem Vorgesetzten nur zweierlei: in den sauren Apfel zu beißen oder die Flucht nach vorn anzutreten: »Wir haben uns gestern abend wirklich toll amüsiert. Trotzdem – hier in der Firma wäre es mir lieber, wir bleiben wie bisher beim Sie.« Wenig Format zeigt, wer sich so lange absichtlich verspricht, bis der andere endlich kapiert, daß die Rückkehr zum »Sie« angesagt ist.

Visitenkarten

Aus dem Geschäftsleben sind Visitenkarten nicht wegzudenken. Sie sind unersetzlich, wenn es darum geht, berufliche Kontakte herzustellen und am Leben zu erhalten. Das kann so ablaufen:

Die Cheflektorin eines Verlags trifft auf der Buchmesse eine Erstlingsautorin: »Mir gefällt Ihr Buch sehr gut. Ich mag Ihren Stil. Ich gebe Ihnen meine Karte – falls Sie einmal einen neuen Verlag suchen.«

Der Produktmanager lernt beim Seminar für Führungskräfte die Mitarbeiterin einer Werbeagentur kennen: »Geben Sie mir doch Ihre Karte. Vielleicht ergibt sich ja einmal die Möglichkeit, daß wir zusammenarbeiten. Das würde mich freuen.«

Der Personalberater sitzt auf dem Flug nach Berlin zufällig neben einem vielversprechenden Wirtschaftsingenieur: »Wenn Sie einmal eine neue Aufgabe suchen, wenden Sie sich an mich. Wir arbeiten mit hochkarätigen Firmen zusammen und können Ihnen interessante Positionen anbieten. Hier ist meine Karte. Ich schreibe Ihnen auch meine private Nummer dazu.«

Für den Anlageberater, die Galeristin, den Landschaftsgärtner ist sie ein Mittel zur Kundenaquisition: »Ich gebe Ihnen einige meiner Karten. Falls Sie mit meiner Beratung zufrieden waren, wäre es schön, wenn Sie mich in Ihrem Bekanntenkreis weiterempfehlen.«

Speichern unter ... Visitenkarten können zur Gedächtnisstütze für spätere Gespräche werden: Wer sich auf der Rückseite eine markante Beobachtung über die betreffende Person notiert – zum Beispiel die gemeinsame Vorliebe für Hochgebirgswanderungen –, kann bei der nächsten Begegnung daran anknüpfen. Das erspart nicht nur die krampfhafte Suche nach einem verbindenden Thema. Es bringt auch Pluspunkte beim Gesprächspartner, denn der fühlt sich geschmeichelt, weil man sich so gut an ihn erinnert.

Hast du mal was zum Schreiben? Auch im privaten Bereich können Visitenkarten nützlich sein. Wer mal eben Adressen oder Telefonnummern austauschen will, erspart sich damit die Suche nach Schreibutensilien. Wollen Sie sich mit einem Fleurop-Blumenstrauß für die Einladung zum Abendessen bedanken, können Sie Ihre Karte mitschicken. Auf der Rückseite notieren Sie einen freundlichen Satz wie: »Ich bedanke mich für den schönen Abend.« Allerdings: Was im Berufsleben erlaubt ist, verbietet im Privaten der Takt: den Titel oder die berufliche Position per Visitenkarte unterzujubeln. Wenn der andere auf der Karriereleiter weniger weit geklettert ist, läßt man die Visitenkarte am besten in der Brieftasche.

Darüber spricht man nicht

Für die Gräfin Schönfeldt gehört es zum »1 x 1 des guten Tons«, Geld, Politik, körperliche Zustände und Klatschgeschichten aus der Konversation herauszuhalten. Im Grunde gebe ich ihr da recht, doch ich sehe die Sache nicht ganz so päpstlich: Das letzte Wort bei der Wahl der Themen haben nicht die Benimmbücher, sondern Takt und Höflichkeit.

Über Geld redet man nicht, man hat es. Der ehernen Regel zum Trotz: Grundstückspreise, günstige Baufinanzierungen, vielversprechende Aktien können überaus ergiebige Gesprächsthemen sein. Trotzdem erfordert das Thema Geld Fingerspitzengefühl. Vor allem, wenn die finanziellen Möglichkeiten der Gesprächspartner unterschiedlich sind. Im Prinzip ist nichts dagegen zu sagen, wenn jemand vom phantastischen Menü im Sterne-Restaurant schwärmt, das seine 150 Mark wirklich wert gewesen ist. Vorausgesetzt, alle anderen geben ähnliche Summen für kulinarische Genüsse aus, ist das in Ordnung und vielleicht der Auftakt zu einem angeregten Gespräch über Gourmet-Tempel und Geheimtips im provençalischen Hinterland. Sitzt dagegen am gleichen Tisch jemand, der sich höchstens mal ein Essen in der Pizzeria um die Ecke leistet, sind Preisangaben tabu.

Jetzt red i. Politische Diskussionen gehören in den Bundestag, in Parteiversammlungen, in Talkshows, vielleicht auch an den Stammtisch – nicht aber an die Festtafel zur Feier des Firmenjubiläums oder in die Wohnlandschaft des Geschäftsfreundes. Mißstimmung, vielleicht sogar Streit ist nämlich vorprogrammiert, wenn politische Meinungen aufeinanderprallen. Während der eine gegen den Abbau von Sozialleistungen wettert, giftet der andere über seinen Spitzensteuersatz. Was dabei herauskommt, ist höchstens ein verdorbener Abend – die Lösung der gesellschaftlichen Probleme sicher nicht.

Durchfall, Dammschnitt, Darmbakterien. Seit den Schwangerschaften im Bekanntenkreis weiß ich über die Auswirkung von Eisenpräparaten auf die Beschaffenheit der Verdauungsprodukte Bescheid. Beisteuern konnte ich zu diesem Thema nichts. Und das nicht nur mangels einschlägiger Erfahrung. Das Drumherum des menschlichen Stoffwechsels erörtere ich selbst mit meinem Arzt oder Apotheker nur, wenn's medizinisch unumgänglich ist. Die Lektüre neuester Benimmbücher hat mich beruhigt – offenbar gibt es mehr Mimosen meiner Art. Auch die modernen Knigges zählen Krankheiten, Hautausschläge, Verdauungsvorgänge, und was immer sonst jemand als unappetitlich empfinden könnte, zu den Tabuthemen. Nicht salonfähig ist also die Mitteilung: »Ich gehe jetzt mal aufs Klo.« Sagen Sie lieber: »Entschuldige mich bitte. Ich komme gleich wieder.« In der Hoffnung, daß Ihr Gesprächspartner über den nötigen Schliff verfügt und nicht fragt: »Wo gehst du denn hin?«

Klatsch und Tratsch. Wer Klatschgeschichten erzählt, deklassiert sich selbst als neugierig und nicht vertrauenswürdig, außerdem als geistlos: Wer interessiert und aktiv ist, kann über seine eigenen Erlebnisse und Erfahrungen genug erzählen. Und auch als wenig selbstbewußt, denn Menschen mit gesundem Selbstwertgefühl haben es schließlich nicht nötig, sich über die Unzulänglichkeiten und Mißgeschicke ihrer Mitmenschen aufzuwerten.

Eine besonders perfide Variante von Klatschgeschichten ist die »Secondhand-Kritik«. Das geht so: Astrid erzählt Barbara, ihre gemeinsame Bekannte Claudia finde, Barbara sei eine richtige Glucke geworden. Barbaras Stimmung dürfte fürs erste im Eimer sein. Das Verhältnis zwischen Barbara und Claudia womöglich auch.

Political Correctness. Frauenfeindliche Sprüche, Witze über Behinderte, rassistische Bemerkungen sind politisch-moralisch nicht in Ordnung. Wer sie nicht lassen kann, riskiert unter Umständen das berufliche und gesellschaftliche Aus. Menschen mit Takt trampeln allerdings auch ohne Angst vor Sanktionen nicht auf den Gefühlen anderer herum.

Nie sollst du mich befragen. Und wenn es Sie noch so sehr interessiert: Manche Fragen stellt man besser nicht. Was man fragen kann und was nicht, hängt ganz davon ab, wie vertraut das Verhältnis zwischen den Gesprächspartnern ist, wieviel Wert jemand auf seine Privatsphäre legt, wer dem Gespräch zuhört.

»*Tolle Haarfarbe. Ist die echt?*« Unter Freundinnen ist diese Frage normalerweise o.k., die Frau des Chefs könnte irritiert sein.

»*Herr Mayer, ich habe gehört, Ihre Firma baut Stellen ab. Sie müssen sich doch keine Sorgen machen?*« Vielleicht möchte Herr Mayer für diesen Abend seine Sorgen mal vergessen. Oder sie nur mit seiner Frau teilen. Oder Frau Mayer steht gerade daneben und weiß noch von nichts, weil Herr Mayer sie nicht beunruhigen wollte.

»*Warum habt Ihr eigentlich noch keine Kinder?*« Nicht jeder gibt bereitwillig Auskunft über verklebte Eileiter oder zu wenig aktive Spermien. Oder möchte darüber Rechenschaft ablegen, warum ihm oder ihr die berufliche Entwicklung wichtiger ist.

7

Die Kunst, auf andere einzugehen

> »Johnny«, sagte Helen. (...) »Sie müssen zuhören,
> Johnny. Es ist wie Freunde gewinnen«, sagte sie. »Aber
> Sie müssen Freunde gewinnen und gleichzeitig selbst
> ein guter Freund *sein*. Beides zugleich.« Sie lächelte.
> »Okay?«
> »Ich brauche etwas zu lesen«, sagte ein Mann zu Helen.
> Ihre Aufmerksamkeit wandte sich plötzlich und restlos
> ihm zu. »Es ist schrecklich, das eine Buch ausgelesen
> und noch kein neues zu haben«, sagte sie. Und Johnny
> staunte über die Zärtlichkeit ihrer Stimme. Plötzlich
> erschien es auch ihm schrecklich, noch kein neues Buch
> zu haben, obwohl er oft monatelang noch kein neues
> Buch hatte und es ihm noch nie richtig aufgefallen war.
>
> CATHLEEN SCHINE, *Der Liebesbrief*

»Kürzlich traf bei Tante Hedwigs Achzigstem nach Jahren
mal wieder der ganze Clan zusammen: die Onkel und Tan-
ten, die Cousins und Cousinen, die Geschwister und ihr
ganzer Anhang – alles in allem so an die vierzig Leute«, erzählt Agnes, 34. »Bei solchen Gelegenheiten wird bei uns
erwartet, daß man beim Small talk mithalten kann, sich von
seiner besten Seite präsentiert und Familienharmonie de-
monstriert. Ich spiele das Spiel natürlich mit, aber eigentlich
finde ich all diese Siegertypen gar nicht so toll: Klar, ich be-
neide Ulla, wenn sie mit ihren Geschichten aus dem Sender
mal wieder im Mittelpunkt steht. Und irgendwie bewundere
ich Jürgen, wie er mühelos über Haydn und die Wiener
Klassik referiert. Aber viel lieber sitze ich neben einem Typ
wie Johannes. Der sagt zwar nicht viel. Aber er erkundigt
sich auch mal, wie ich ohne feste Anstellung über die Run-

den komme. Und er hat sich wirklich für mich gefreut, daß ich den Zuschlag für das Gartengrundstück bekommen habe.«

Womit sich wieder einmal zeigt: Man muß kein großer Redner sein, um sympathisch zu wirken. Viel wichtiger ist es, ehrliches Interesse an seinen Gesprächspartnern zu signalisieren. Zuzuhören. Gelungenes großzügig anzuerkennen. Empfänglich zu sein für die Stimmungen anderer. Wie Sie diese Fähigkeiten kultivieren können, erfahren Sie in diesem Kapitel.

Von der Mühe sozialer Beziehungen

Während die »Old-Boys«-Netze der englischen und amerikanischen Clubs und Universitäten zu allen Zeiten ein selbstverständliches, geachtetes Mittel gegenseitiger Unterstützung waren, gilt es hierzulande als ausgesprochener Makel, über Beziehungen an die bezahlbare Altbauwohnung am Flußufer, die begehrte Teilzeitstelle oder die Einladung zu einer internationalen Tagung gekommen zu sein. Unsere Gesellschaft assoziiert solche Erfolge in aller Regel negativ: mit Vitamin B, Seilschaft, Amigosystem, niemals aber mit Eigenleistung, Kraft und Kompetenz.

Was wir dabei gerne übersehen, ist die Tatsache, daß es tragfähige zwischenmenschliche Beziehungen in unserer Gesellschaft immer seltener zum Nulltarif qua Geburt gibt. Spätestens beim Umzug in eine andere Stadt muß sich jeder sein soziales Netz, seine Beziehungen und Verbindungen selbst und notfalls immer wieder neu schaffen. Bekanntschaften, Kontakte und Verbindungen aber wollen gepflegt sein.

Sie herzustellen und aufrechtzuerhalten erfordert Zeit, Energie und Aufmerksamkeit: sich nach dem Backenzahn der Nachbarin zu erkundigen, auch wenn man in Eile ist; dem Cousin herzlich zu seiner Beförderung zu gratulieren, obwohl es für einen selbst zur Zeit beruflich nicht gut läuft; die Kollegin auf eine Internet-Adresse hinzuweisen, die für ihren Marketingbericht nützlich sein könnte. So gesehen, ist es nur gerecht, wenn vielfältige soziale Beziehungen sich auszahlen: in Form von Beliebtheit, Informationsgewinn, Anerkennung, Geschäftskontakten, Freundschaften.

Empathie und Menschenkenntnis

Jede Form der Kommunikation erfordert Empathie, die Fähigkeit, sich in das Erleben, die Stimmungen, die Erwartungen anderer Menschen hineinzuversetzen – auch dann, wenn wir selbst anders denken und fühlen. Das setzt voraus, daß wir in der Lage sind, nicht nur die Worte, sondern auch den Gesichtsausdruck, den Klang der Stimme, die Gesten und die Körperhaltung unseres Gegenübers richtig zu deuten. Für unsere Beziehung zu anderen ist die Art und Weise, *wie* etwas gesagt wird, nun mal noch wichtiger als das, *was* gesagt wird: Die Unsicherheit in der Stimme eines Gesprächspartners, seine positiv-offene Haltung oder sein skeptischer Blick sind nonverbale Signale, die wir entschlüsseln und auf die wir je nach Veranlagung, Erziehung, Tagesform und emotionaler Offenheit mehr oder auch weniger geschickt reagieren.

Veranlagung: Die Fähigkeit, emotionale Signale zu entschlüsseln, ist zum Teil auf angeborene neurobiologische Vorgänge zurückzuführen. Das zeigt sich schon daran, daß bestimmte mimische Ausdrucksformen allen Kulturen gemeinsam sind: Die vor den Mund geschlagene Hand zum Beispiel ist in Kenia genauso ein Zeichen der Unsicherheit wie in Europa.

Erziehung: Als Kinder lernen wir, ein Gespür für unsere Empfindungen und die der Menschen um uns herum zu entwickeln – etwa wenn unsere Eltern feinfühlig auf unsere Signale des Hungers, der Angst oder der Langeweile reagieren oder mit uns über ihre und unsere Gefühle sprechen. Aber auch als Erwachsene können wir unsere Empathiefähigkeit durch unsere Beziehungen zu anderen Menschen ständig erweitern.

Tagesform: Wir sind nicht immer gleich sensibel für die Gefühle anderer. Das ist kein Wunder: Empathie setzt nämlich voraus, daß wir mit uns selbst im reinen sind. Wer sich gerade geärgert hat, unter einer Niederlage leidet, unruhig auf einen ärztlichen Befund oder ein Prüfungsergebnis wartet oder insgeheim eifersüchtig auf den Erfolg des Gegenübers ist, tut sich schwer, die subtilen verbalen und nonverbalen Signale eines anderen zu beachten und richtig zu deuten.

Emotionale Offenheit: Um die emotionalen Signale anderer zu verstehen, müssen wir erst einmal unsere eigenen Gefühle akzeptieren, statt sie zu unterdrücken. Die Gründe dafür liegen auf der Hand: Wer sich immer nur hinter der Fassade der Sachthemen (Computer, Sport, Politik usw.) und guten Laune versteckt, veranlaßt andere, sich ebenso zu verhalten. Auch nach längerer Bekanntschaft kommt eine Beziehung dann nicht über den Small talk hinaus. Und: Wer Angst vor den eigenen Gefühlen hat, hält am liebsten auch die Emotionen anderer unter Verschluß. So erklärt es sich zum Beispiel auch, warum wir so hilflos im Umgang mit Kranken und Trauernden sind.

Seelische Übereinstimmung

Je mehr Empathie ein Mensch aufbringt, desto besser versteht er es auch, sich auf die Gefühlslage seines Gegenübers einzuschwingen: zum Beispiel, indem er die Mimik, die Körperhaltung oder den Sprachrhythmus des Gesprächspart-

ners aufnimmt und »spiegelt« oder sich auf sein Erregungs-
niveau einstellt. Im Idealfall geht das so weit, daß bei Gesprächspartnern ähnliche physiologische Daten wie Herzschlag oder Schweißabsonderung gemessen werden können.
Diese körperliche Abstimmung bewirkt, daß sich auch unsere Stimmungen einander annähern. Wortlos entsteht so
das Gefühl seelischer Übereinstimmung.

Gesellschaftlich gewandte Menschen können diese Abstimmung auf subtile Weise steuern – oft ohne sich dessen
überhaupt bewußt zu sein. Sie merken, daß ihre Gesprächspartnerin eine Abwehrhaltung einnimmt und gehen unmerklich ein paar Zentimeter auf Distanz, um ihr mehr
Raum zu geben. Sie berühren den Kollegen, der bemüht
locker vom Anpfiff des Chefs erzählt, kurz an der Schulter.
Mit seismographischem Gespür nehmen sie wahr, daß dem
Verhandlungspartner eine Frage auf der Zunge liegt, und
geben ihm Gelegenheit, sie zu äußern. Indem sie Gefühls-
signale aufnehmen und beantworten, vermitteln sie anderen
Menschen wortlos das Gefühl, sie zu verstehen.

Sich für andere interessieren

Bestimmt ist Ihnen schon oft aufgefallen, daß die meisten
Menschen über nichts so gern reden, wie über sich und ihre
Belange. Ihre Hausfinanzierung, ihre Herzkatheterunter-
suchung, ihren Urlaub, ihr Motorrad, ihre Homepage, ihre
Kinder, ihren Chef, das Buch, das sie gerade lesen, die
Hecke, die sie demnächst pflanzen werden, die Gehaltserhöhung, die sie kürzlich bekommen haben. Und fast immer
schwingt darin eine Spur von Wettbewerb mit: Mein Auto
ist sparsamer (wenn schon nicht größer), wir beziehen unser
Olivenöl direkt aus der Emilia Romagna, unsere Jennifer
konnte bei der Einschulung schon fließend lesen, mein Magengeschwür wurde vom Chefarzt persönlich operiert.

Um in diesem unausgesprochenen Wettbewerb nur ja

nicht den kürzeren zu ziehen, sehen wir uns nun unsererseits veranlaßt, unsere eigenen Errungenschaften ins Spiel zu bringen. Geradezu zwanghaft warten wir auf ein Stichwort, das es uns erlaubt, die Aufmerksamkeit schnellstmöglichst auf uns zurücklenken zu können. Achten Sie einmal darauf, wie oft Sie in einem Gespräch gar nicht richtig zuhören, in Gedanken schon an Ihrer Antwort feilen und Ihrem Gegenüber bei der erstmöglichen Gelegenheit ins Wort fallen: »Apropos Zahnkrone. Mein Zahnarzt hat mir da kürzlich einen Kostenvoranschlag unterbreitet ... ich sage Ihnen, haarsträubend.« Statt nachzuhaken: »Und wie haben Sie dann die Weihnachtstage ohne Krone überstanden?«

Dabei können wir nur gewinnen, wenn wir unseren Gesprächspartnern unsere ungeteilte Aufmerksamkeit widmen – Gesprächsstoff, Sympathie, Vertrauen, Wissen und nicht zuletzt Souveränität.

Gesprächsstoff. Wenn Sie andere ermutigen, von sich zu erzählen, haben Sie so gut wie nie ein Problem, ein Gespräch in Gang zu halten. Die Frage »Was soll ich bloß sagen?« erübrigt sich. Und auch die unbehaglichen Gesprächspausen entfallen, in denen Sie beide im Raum herumschauen, verstohlen auf die Uhr blicken und einander bereits zum dritten Mal versichern, die Forellenterrine schmecke wirklich ausgezeichnet.

Sympathie. Ihr Gegenüber fühlt sich wohl in Ihrer Gegenwart. Er genießt die Unterhaltung und Ihr Interesse. Unweigerlich wird er Sie sympathisch, intelligent und einfühlsam finden.

Vertrauen. Ihr Gesprächspartner fühlt sich anerkannt. Das Element des Wettbewerbs verliert an Bedeutung. Mit einem Mal kommen auch die Nachteile hinter den stolzen Erfolgen zur Sprache: zum Beispiel die zeitraubenden Reisen, die der hochdotierte Job mit sich bringt, oder die erhebliche finanzielle Belastung, die das USA-Studium der Tochter für die Eltern darstellt. Offenbarungen dieser Art verbinden und schaffen Verständnis und Gemeinsamkeit.

Neue Ansichten und Einsichten. Wenn wir uns wirklich auf andere Menschen und ihre Erfahrungen konzentrieren, erweitern wir ganz nebenbei unseren Horizont. Wir lassen uns auf Themen außerhalb unseres eingefahrenen Interessenspektrums ein. So gesehen, sind die meisten Gesprächsthemen spannend oder zumindest recht informativ: die Sondertarife der Autoversicherer für Garagenparker und Wenigfahrer genauso wie die Restaurierung von Dürers »Paumgartner Altar«.

Souveränität. Und schließlich: Die Großzügigkeit, Ihrem Gegenüber das Rampenlicht freiwillig und gerne eine Weile lang zu überlassen, gibt Ihnen Gelassenheit und Ruhe. Sie gewinnen an Ausstrahlung, Präsenz und Persönlichkeit.

Ganz Ohr sein

Um aufgeschlossen zuzuhören, genügt es nicht, auf Autopilot zu schalten, hin und wieder zu nicken und ein unverbindliches »Tatsächlich!« oder »Das ist ja interessant« einzuwerfen. Ein wirklich guter Zuhörer ermuntert sein Gegenüber zum Weiterreden, spürt den Gefühlen hinter den Worten nach und geht wertungsfrei auf den Gesprächspartner ein.

Aufmerksames Zuhören ist harte Arbeit, die sowohl den Körper als auch den Geist fordert. Wenn wir unserem Gesprächspartner wirklich zuhören, beschleunigt sich der Puls, der Atem wird schneller, und die Muskeln sind angespannt. Nach außen hin wirken wir konzentriert und bei der Sache. Wir sind ganz Ohr.

Konzentrieren Sie sich. Körper und Gesicht sind dem Gesprächspartner zugewandt. Wer im Raum herumschaut, seine Brille putzt oder an seiner Kleidung herumzupft, signalisiert, daß er mit seinen Gedanken überall ist – nur nicht bei seinem Gegenüber und dessen Erzählungen. Da hilft es auch nicht, wenn Sie sagen: »Reden Sie nur weiter, ich höre schon zu.«

Signalisieren Sie Aufmerksamkeit. Fragen, Lachen, Nicken und bestätigende Reaktionen wie »Hm«, »Ja«, »Das stimmt«, »Unglaublich« ermutigen den anderen zum Weitererzählen. Aber Vorsicht: Es reicht nicht aus, dieses Zuhörverhalten zu simulieren. Die meisten Gesprächspartner merken am Ausdruck Ihrer Augen, einem falschen Ton oder Ihrer unbewegten Mimik, daß Sie sich im Geiste schon verabschiedet haben. Sie reagieren irritiert oder verunsichert. Das Gespräch verebbt.

Hören Sie aktiv zu. Die Kommentare des Zuhörers spiegeln seine Einfühlung in die Gedankenwelt des Gegenübers wider. Angenommen, Ihr Gesprächspartner erzählt: »Entschuldigen Sie, daß ich so unkonzentriert bin, aber ich bin erst gestern aus Toronto zurückgekommen.« Die einfühlsame Zuhörerin kommentiert: »Da macht Ihnen sicherlich der Jetlag noch zu schaffen.« Egomanen würden dagegen die Gelegenheit beim Schopf ergreifen, ins Fahrwasser des eigenen Erlebens zurückzusteuern: »Ja, das kenne ich. Als ich letztes Jahr in Australien war ...«

Das aktive Zuhören ist eine wichtige Kommunikationsform für Psychologen, Therapeuten und Erzieher. Sie helfen damit dem Gesprächspartner, sich seiner Gefühle bewußt zu werden. In Alltagsgesprächen dient das aktive Zuhören einem anderen Zweck: Es hilft Ihnen, sich eine Weile ganz auf Ihr Gegenüber zu konzentrieren und sich in seine Welt einzufühlen.

Andere vorstellen

Wenn wir gefordert sind, zwei Menschen miteinander bekannt zu machen, drehen sich unsere Gedanken meistens nur um eines: Wer wird wem zuerst vorgestellt? Die junge Anlageberaterin Sabine Strömer dem langjährigen Kunden Axel Thon – weil er als Kunde der Ranghöhere ist? Oder doch der Kunde der Bankerin – gemäß der Regel, daß die Frau den Namen eines ihr unbekannten Herrn immer zuerst erfährt? So oder so – wenn wir uns der Rangfolge nicht sicher sind, gerät die Vorstellung meist müde und blaß: »Darf ich vorstellen: Frau Dr. Strömer – Herr Thon.« Das ist zwar korrekt, aber wenig hilfreich: Frau Dr. Strömer und Herr Thon kennen jetzt zwar den Namen ihres Gegenübers, mehr aber auch nicht.

Geschickte Kommunikatoren machen es anders: Ihnen kommt es weniger auf die formgerechte Reihenfolge der Vorstellung an, als darauf, den ersten Kontakt zu erleichtern: »Herr Thon, ich möchte Sie mit unserer neuen Anlageberaterin bekannt machen: Frau Dr. Sabine Strömer. Frau Strömer kommt direkt von der London Business School zu uns und arbeitet sich zur Zeit in das Vermögensmanagement ein. Frau Strömer, das ist Herr Axel Thon, ein langjähriger Kunde unserer Bank.« Frau Strömer kann sich freuen: So eingeführt, ist ihr ein Vertrauensvorschuß des Kunden sicher. Und Herr Thon wird es zu schätzen wissen, Vermögensfragen mit einer derart kompetenten Mitarbeiterin besprechen zu können.

Allerdings: Diese ausführliche Art der Vorstellung erfordert Fingerspitzengefühl. Bei privaten Festen würden Sie Sabine Strömer einen schlechten Gefallen erweisen, wenn Sie bei der Vorstellung ihre Blitzkarriere in den Mittelpunkt stellen. In lockerer Runde ist es kontaktförderlicher, wenn Sie sagen: »Sabine, das ist meine Nachbarin Katrin Schmidbauer. Sie unterrichtet Deutsch und Englisch am Anne-Frank-Gymnasium. Das ist Sabine Strömer, eine frühere

Studienkollegin von mir. Sabine hat gerade ein Jahr in London verbracht.«

Das »Ja, aber ...«-Syndrom

Ich neige selbst dazu: Ganz gleich, ob mir eine Freundin von ihren Erfahrungen mit Reiki erzählt, mein Tischnachbar höhere Benzinpreise verficht oder mein Vater den Verfall der moralischen Werte beklagt – unweigerlich beginnt meine Antwort mit »Ja, aber«: »Ja, aber ich kann mir überhaupt nicht vorstellen, daß ...«; »Ja, aber ist es denn nicht eigentlich so, daß ...«; »Ja, aber kann man das wirklich so pauschal sehen?«

Dieses Verhalten mag im germanistischen Seminar oder in der Wochenbesprechung der Arbeitsgruppe angebracht sein. Dort kommt es darauf an, konträre Positionen zu klären und unter einen Hut zu bringen. Beim Small talk dagegen geht es eher darum, die Gemeinsamkeiten als die Unterschiede zu betonen. Und dazu ist die Konversation, das plaudernde Miteinander, nun einmal besser geeignet als die Diskussion, das streithafte Gegeneinander. Deshalb: Ersetzen Sie in Gesprächen, die der Beziehungspflege dienen, das wertend-polarisierende »Ja, aber ...« lieber durch das zustimmend-ergänzende »Ja, und ...«: »Ja, und dazu kommt noch ...«; »Ja, und ist dir auch schon aufgefallen, daß ...«

Emotionale Integrität

Heike und Max, freiberufliche Architekten, müssen über das Wochenende eine wichtige Präsentation vorbereiten und brauchen deshalb für Samstag nachmittag dringend einen Babysitter für ihren dreijährigen Alexander. Die Omas sind unabkömmlich, die Tagesmutter steht am Samstag grundsätzlich nicht zur Verfügung. Bleibt eigentlich nur noch Heikes Freundin Sara. Kurzentschlossen ruft Heike bei ihr an. Statt nun klar mit ihrer Bitte herauszurücken, fragt sie: »Hast du Samstag nachmittag schon etwas vor?« Worauf Sara ahnungslos antwortet: »Nein, eigentlich nicht. Warum?« Um jetzt zu erfahren, daß Heike ihr nicht etwa einen gemeinsamen Stadtbummel vorschlagen möchte, sondern einen Zoobesuch mit dem anstrengenden Alexander. Sara fühlt sich überrannt. Aber höflich, wie sie ist, sieht sie keine andere Möglichkeit, als in den sauren Apfel zu beißen. Innerlich jedoch ärgert sie sich schwarz darüber, daß sie sich so hat hereinlegen lassen.

Heike hat Saras Gefühle ganz richtig eingeschätzt – um sich bedenkenlos über sie hinwegzusetzen. Einfühlsam zu sein heißt aber auch, andere nicht in Verlegenheit zu bringen. Ihre Höflichkeit nicht überzustrapazieren. Auf ihre Gefühle Rücksicht zu nehmen. Ihnen Gelegenheit zum Rückzug zu lassen.

Die emotionale Integrität hätte es deshalb erfordert, daß Heike der Freundin zuerst die Situation schildert und dann sagt: »Ich weiß, es ist eine Zumutung. Aber falls du am Samstag nachmittag noch nichts vorhast: Kannst du ausnahmsweise Alexander übernehmen?« So vorgewarnt, hätte sie Sara die Wahl gelassen, ihr den Freundschaftsdienst zu leisten (»Eigentlich wollte ich mir einen faulen Nachmittag machen. Aber weil du es bist – also gut«) oder sich mit einer Entschuldigung aus der Affäre zu ziehen (»Du, ich fürchte das klappt nicht: Ich bin mit Ralf und Britta zum Badminton verabredet.«)

Die Kunst, sich zu präsentieren

> Wir sitzen in der Wohnlandschaft vor dem offenen
> Kamin, wie vier Gullivers im Land der Riesen, die
> Rückenlehne ist so weit entfernt, daß eine bequeme
> Haltung unmöglich ist, am besten hält man sich an sei-
> nem Glas fest, und plaudern locker kreuz und quer,
> die Unterhaltung ein Knäuel, das wir uns spielerisch zu-
> werfen, das Wetter, der Urlaub, gemeinsame Freunde,
> Sylvie hält die Fäden fest im Griff.
>
> MARLENE FARO, *Die Frau des Weinhändlers*

Die Kunst, auf andere einzugehen, ihnen nicht die Show
zu stehlen, Interesse zu zeigen und im Bedarfsfall auch einmal taktvoll zu schweigen, ist eine Facette des Gesprächs.
Ihr Pendant ist die Kunst, sich zu präsentieren. Um allen
Mißverständnissen vorzubeugen: Sich zu präsentieren heißt
nicht, das Gespräch an sich zu reißen, sich in Szene zu
setzen und alle anderen zum begeisterten Publikum zu re-
duzieren. Sich zu präsentieren heißt vielmehr, sich aktiv in
das Gespräch einzubringen. Begeisterung auszustrahlen.
Andere mitzureißen. Seinen Standpunkt zu vertreten. Sich
über Anerkennung zu freuen, statt sie abzuschwächen. Sich
situationsangemessen zu verhalten. Den Gesprächsverlauf
zu beeinflussen. Strategien, wie Sie sich ins rechte Licht
rücken, ohne die anderen in den Schatten zu stellen, finden
Sie in diesem Kapitel.

Optimismus und Begeisterung ausstrahlen

Mein Mann ist ein enthusiastischer Hobby-Astronom. Wenn er erst einmal anfängt, von Sternenexplosionen und Schwarzen Löchern zu erzählen, hören ihm Freunde und Bekannte in der Regel gebannt zu. Obwohl die meisten von ihnen von Astronomie wenig Ahnung haben, schalten sie weder auf Durchzug, noch versucht jemand, das Thema zu wechseln. Offensichtlich springt der Funke seiner Begeisterung auf sie über.

BEGEISTERUNG STECKT AN

Je gefühlsbetonter ein Mensch sich ausdrückt, desto wahrscheinlicher ist es, daß sich seine Gefühle auf seine Zuhörer übertragen. Wie dieses Übertragen von Stimmungen funktioniert, beschreibt Daniel Goleman in seinem Erfolgsbuch *Emotionale Intelligenz*: »Sehr wahrscheinlich imitieren wir unbewußt die Emotionen, die ein anderer erkennen läßt, durch eine von uns nicht wahrgenommene Mimikry des Gesichtsausdrucks, der Gebärden, des Tonfalls der Stimme und anderer nonverbaler Anzeichen der Emotionen. Durch diese Imitation erzeugen wir in uns die Stimmung des anderen.« Dabei liegt es nahe, daß Menschen, die Begeisterung und Optimismus ausstrahlen, besser ankommen als Menschen, die andere mit ihrem Mißmut und ihrer schlechten Laune anstecken.

LASSEN SIE DAS HAAR IN DER SUPPE

Klar, die Welt um uns herum ist voller Probleme. Klar ist aber auch, daß jeder von uns – wenn er die Wahl hat – lieber mit Menschen zusammen ist, die Spaß haben und sich amüsieren können. Mal ehrlich, welcher Gast ist Ihnen denn lieber? Tante Elsbeth, die gleich zur Begrüßung sagt: »Angelika, das Unkraut im Vorgarten müßte mal wieder gezupft werden.« Oder die Schwiegermutter, die sich freut: »Schön habt ihr es hier, Kinder. Richtig wild romantisch.«

Eine positive Ausstrahlung beginnt damit, daß Sie sich das Lästern und Nörgeln über Nichtigkeiten abgewöhnen. Versuchen Sie einmal, beim nächsten Gespräch mit Freunden oder Kollegen ohne achtlos-kritische Floskeln auszukommen:

... »Meine Güte, ist das voll hier.«
... »Wir werden alle nicht jünger.«
... »Die müssen den Lachs wohl erst angeln.«
... »Die Post kommt auch täglich später.«

Bemerken Sie lieber, wie Sie sich auf das lange Wochenende freuen, wie gut das Geburtstagskind aussieht, wie lecker die Vorspeise geschmeckt hat, daß der Briefträger jetzt vor den Feiertagen viel zu tun hat.

ZEIGEN SIE GEFÜHLE

Nur wer seine Begeisterung zeigt, kann andere begeistern. Ganz gleich, ob Sie von Ihrem Hausbau, dem Open-Air-Konzert im fürstlichen Schloßpark oder der Radtour durch die Mecklenburgische Seenplatte erzählen: Lassen Sie die anderen spüren, wie sehr Sie diese Erfahrung berührt oder fasziniert hat. Selbst wenn Sie normalerweise eher scheu und zurückhaltend sind, wird Ihre innere Bewegtheit Sie verwandeln: Ihre Augen strahlen, Ihr Körper strafft sich, Ihre Stimme wird tiefer, Ihre Sprache beredter, unbewußt wenden Sie sich den anderen zu. Sie wirken lebendig und ausdrucksstark.

Vielleicht geht es Ihnen wie mir, und Sie fürchten, Ihre Begeisterung könnte affektiert oder arrogant wirken. Normalerweise ist das nicht der Fall: Wenn Ihre Schwärmerei ehrlich und nicht aufgesetzt ist, spüren Ihre Gesprächspartner das. Sie merken, daß Ihr Enthusiasmus nicht der Selbstinszenierung dient, sondern Ihre Freude ausdrückt, etwas besonders Schönes erlebt zu haben oder in eine unbekannte Welt vorzustoßen.

Bei alledem versteht es sich natürlich von selbst, daß wir wissen, wo wir unsere Begeisterung besser zähmen: Es wäre einfach taktlos, der früheren Nachbarin, die nach ihrer Scheidung in einer Zwei-Zimmer-Wohnung lebt, mit leuchtenden Augen von dem geplanten Dachausbau zu erzählen.

DER GLAUBE VERSETZT BERGE

Es fällt mir schwer, jemandem vor einem chirurgischen Eingriff oder auch nur vor der Führerscheinprüfung zu versichern: »Sie werden sehen, morgen sieht die Welt schon ganz anders aus.« Oder: »Du schaffst das, da bin ich sicher.« Ich empfinde solche Sätze als Platitüde – schließlich weiß ich, daß jede Operation mit Risiken verbunden ist und daß der Traum vom Führerschein schon bei der kleinsten Unachtsamkeit vorläufig ausgeträumt sein kann. Es hat mich deshalb immer wieder überrascht, daß ich mich selbst von solchen Ermutigungen durchaus aufrichten lasse – zumindest für den Augenblick.

Erst vor kurzem wurde mir klar: Es sind nicht die Worte, die hier wirken. Niemand kann einem anderen versprechen, eine Prüfung zu schaffen, die richtige Entscheidung zu treffen oder wieder gesund zu werden. Aber er kann seine Zuversicht auf den Gesprächspartner übertragen – sofern er sie wirklich empfindet. Vorspielen nämlich lassen sich Optimismus und Lebensmut nicht. Wir können uns noch so sehr bemühen – wenn wir uns nicht danach fühlen, wirken unsere Begeisterung, unser Lob oder eben unsere Ermutigung aufgesetzt. Je positiver dagegen Ihre Einstellung zum Leben ist, desto positiver ist auch die Stimmung, die Sie an andere weitergeben.

FINDEN SIE SICH GUT

Mal ehrlich: Bei aller Bescheidenheit wollen wir doch alle, daß die anderen uns sympathisch finden, gut aussehend, fair, erfolgreich, informiert. Nur: Wie sollen die anderen von uns überzeugt sein, wenn wir es selbst nicht sind? Wenn wir uns klein machen und jeden Erfolg unserem Glück zuschreiben, als wäre er ein Sechser im Lotto (»Ein blindes Huhn findet auch mal ein Korn.«)? Uns selber runtermachen (»Ich habe ja nicht studiert«, »Ich habe zwei linke Hände«, »Ich könnte das nie«)? Und jedes Lob, das andere uns zollen, abwehren (»Abgenommen? Ach was, nur geschickt kaschiert.«)?

Was wir da für Bescheidenheit halten, grenzt manchmal schon an Defätismus. Viele Gesprächspartner fühlen sich von soviel Schwarzmalerei eher unangenehm berührt. Und sie ärgern sich, wenn man ihre Komplimente zurückweist. Zu Recht: Schließlich sprechen Sie ihnen damit Geschmack und Urteilsvermögen ab.

Versuchen Sie deshalb, künftig stärker zu Ihren Leistungen zu stehen. Nehmen Sie sich vor, öfter einmal etwas Positives über sich zu sagen: »Wir sind sehr stolz, daß Sybille die Aufnahmeprüfung für die Musikhochschule geschafft hat.« »Es war gut, daß ich mich entschlossen habe, die Meisterprüfung zu machen.« Und Lob uneingeschränkt anzunehmen: »Schön, daß es euch schmeckt.« »Ja, ich finde auch, daß mir dunkelblau gut steht.« »Ich bin froh, daß Ihnen mein Tip weitergeholfen hat.« Sie werden sehen: Sie wirken dadurch souveräner und gelöster. Und ganz und gar nicht arrogant.

Sich Gehör verschaffen

Es ist zum Verrücktwerden: Da hat man nun endlich den heiß umkämpften Auftrag bekommen und freut sich darauf, im Freundes- oder Familienkreis genußvoll nicht nur den glücklichen Ausgang, sondern die ganze verwickelte Vorgeschichte seines großen Coups zu erzählen. Doch kaum hat man angefangen: »Stellt euch vor, die Stadt hat mir tatsächlich den Zuschlag für die Gestaltung des Werbematerials erteilt ...« und die Glückwünsche der anderen entgegengenommen, wendet sich das Gespräch auch schon wieder anderen Dingen zu. Klar, die anderen haben herzlich gratuliert ... trotzdem bleibt ein schales Gefühl. Irgendwie hatte man sich seinen großen Auftritt anders vorgestellt. Auf jeden Fall hätte er länger als eineinhalb Minuten dauern sollen – schließlich hat man nicht alle Tage einen solchen Erfolg zu vermelden.

Viele Menschen machen die Erfahrung, daß sie zwar etwas Interessantes mitzuteilen haben, sich aber nicht so recht Gehör verschaffen können. Was ihnen fehlt, ist die Fähigkeit, sich und ihre Erfolge publikumswirksam zum besten zu geben. Die folgenden Tips helfen weiter.

AN DIE ZIELGRUPPE DENKEN

Ein Informatiker, der die Tischrunde – einen Orthopäden, eine Anwältin, die nicht berufstätige Mutter von zwei Teenies – mit seinen Forschungsarbeiten auf dem Gebiet der objektorientierten Analyse unterhält, braucht sich nicht zu wundern, wenn ihm nach kürzester Zeit niemand mehr zuhört. Mehr Erfolg könnte er sicherlich verbuchen, wenn er über allgemein interessante Aspekte aus seinem Beruf reden würde: den OP-Roboter, der künstliche Hüftgelenke implantiert. Den Neuen Markt. Die mangelhafte Informatikausbildung in den Schulen. Virtuelle Casinos im Internet ...

IN DER KÜRZE LIEGT DIE WÜRZE

Überstrapazieren Sie die Aufmerksamkeit Ihrer Zuhörer nicht. Im Zeitalter der Medien und Fernbedienungen sind die meisten Menschen an rasche Infohappen und schnelle

Schnitte gewöhnt. Sie können und wollen sich nicht auf ausführliche Monologe konzentrieren. Erzählen Sie deshalb Erlebnisse und Geschichten möglichst kurz, pointiert und humorvoll. Halten Sie Ihre Zuhörer nicht mit Details und langatmigen Erklärungen auf. Das gelingt am besten, wenn Sie die Geschichte von den vertauschten Koffern immer wieder durchspielen – im Geiste, vor dem Badezimmerspiegel, bei Freunden, Verwandten –, bis Sie sie trocken, launig und knapp schildern können.

DIE ZUHÖRER INS BILD SETZEN

So wichtig es ist, Zuhörer nicht durch Details zu langweilen, so unerläßlich ist es, sie mit notwendigen Basisinformationen zu versorgen. Wer der neuen Bekannten erzählt: »Als ich im August mit meiner Thea im Gebirge war« oder »Seit meiner Operation geht alles ein bißchen langsamer«, bringt sein Gegenüber in die Bredouille: Wer um Himmels willen ist die ominöse Thea? Die Tochter der Erzählerin? Ihre Nichte? Ihre beste Freundin? Womöglich gar ihr Westhighland-Terrier? Und um was für eine Operation handelt es sich? Ist mitfühlendes Interesse angebracht? Oder würde eine Nachfrage nach der Art des Eingriffs womöglich neugierig und indisket wirken? Um Ihren Zuhörern unnötiges Rätselraten zu ersparen, sagen Sie besser klar, was Sache ist:

- »Als ich mit meiner Enkelin Thea im August in den Dolomiten war …«
- »Seit meiner Bypass-Operation im vergangenen Jahr kann ich leider keine großen Radtouren mehr unternehmen.«

UNSICHERHEITSFLOSKELN VERMEIDEN

Wer im Gespräch mit anderen meistens im Konjunktiv spricht (»Das könnte stimmen«) und häufig abschwächende Formulierungen wie »eigentlich«, »also« oder »vielleicht« verwendet, stellt sich selbst ein Bein: Er suggeriert den anderen, im Grunde doch nicht so recht von sich und dem, was er sagt, überzeugt zu sein. Souveräner wirken Sie mit einer positiven, klaren Sprache. Statt: »Aber eigentlich ist die Inszenierung doch sehr gelungen, oder?« formulieren Sie positiv und konkret: »Ich finde die Inszenierung sehr gelungen.« Noch glaubwürdiger wirken Sie, wenn Sie die Meinungsäußerung zusätzlich durch eine Begründung oder ein Beispiel untermauern: »Vor allem die Verwechslungsszenen.«

DIE STAFFEL WEITERREICHEN

Auch wenn Sie ein guter Erzähler sind: Sowie die Aufmerksamkeit nachläßt, ist es Zeit, die Bühne für einen anderen Gesprächsteilnehmer freizumachen. Sagen Sie einfach: »Aber ich glaube, jetzt habt ihr alle mehr als genug von meinem Vortrag in Brüssel gehört. Was mich interessieren würde: Wie kommt ihr denn mit eurer Nachbarschaftsinitiative voran? Stimmt es, Alex, daß ...?« Wenn Ihre Zuhörer aus Erfahrung wissen, daß Sie das Rampenlicht nicht überbeanspruchen, hören sie Ihnen um so lieber zu.

Sich auf den Gesprächspartner einstellen

Wohl die meisten Menschen sind am liebsten mit Bekannten zusammen, die ihnen ähneln – vom Alter, vom Einkommen, von den Lebensumständen her. Das ist logisch – Menschen, die ähnlich denken, fühlen und leben wie wir, bestätigen uns

Die Kunst, sich zu präsentieren

in unseren Ansichten, Plänen und getroffenen Entscheidungen. Wer gerade massive Eheprobleme hat, verspürt verständlicherweise wenig Lust, sich mit dem Wüstenrot-Glück der früheren Klassenkameradin zu konfrontieren. Wer gerne gut ißt und aufwendig kocht, findet den gesundheitsbewußten Makrobiotiker ziemlich anstrengend. Und wer gerade zwei Stufen der Karrieretreppe auf einmal nimmt, kann sich allenfalls theoretisch in die Probleme eines Gesprächspartners einfühlen, der seit zwei Monaten arbeitslos ist.

Gesellschaftlich erfolgreiche Menschen betonen deshalb beim Small talk Ähnlichkeiten und überspielen Gegensätze: Sie reden mit dem Nachbarn zur Rechten über die Datenautobahn und mit dem zur Linken über die dringend benötigte Umgehungsstraße. Sie sprechen mit Kunden Hochdeutsch und mit der Gemüsefrau Sächsisch oder Platt. Wenn sie aus dem Urlaub zurückkommen, schwärmen sie der Chefin von dem romantischen Country-Hotel mit dem zwölf Hektar großen Park vor und der alleinerziehenden Kollegin von den kinderfreundlichen Sandstränden und dem günstigen Wechselkurs.

Eindrucksmanagement

Ich kann mir vorstellen, daß nicht alle Leser mit der Idee einverstanden sind, momentane Stimmungen und Gefühle dem erfolgreichen Gesprächsverlauf unterzuordnen. Besonders den »78ern«, der Generation der heute 35- bis 45jährigen, ist der Gedanke an eine flexible, situationsangepaßte Selbstdarstellung zuwider: Geprägt von Kinderladen, Studenten- und Frauenbewegung, gelten ihnen soziale Fertigkeiten und Benimmregeln als Heuchelei und Verrat am eigenen Selbst. Viele Menschen wollen im Zweifelsfall immer noch lieber Elefant im Porzellanladen als soziales Chamäleon sein.

Einen Mittelweg zwischen diesen beiden Extremformen im Umgang mit anderen bildet das, was Psychologen mit dem englischen Begriff *Impression Management* oder dem deutschen »Eindrucksmanagement« bezeichnen. Eindrucksmanagement bezeichnet die Strategien und Techniken, mit denen wir unsere Selbstdarstellung im Umgang mit anderen kontrollieren. Geschickte Eindrucksmanager haben feine Antennen für die subtilen Signale ihrer Gesprächspartner. Sie nehmen Stimmungen auf und passen ihre Selbstdarstellung behutsam daran an. Sie erfassen zum Beispiel intuitiv die Vorzeigeregeln, die in einem sozialen Umfeld gelten, und wissen, wann es gilt, ein Gefühl

- herunterzuspielen (»Ich hatte heute einfach einen guten Tag« nach der gelungenen Präsentation),
- zu übertreiben (»Schöner Schlag«, nachdem der Ball der Anfängerin immerhin nicht im Aus gelandet ist) oder
- zu ersetzen (»Leider feiern wir an diesem Wochenende den 60. Geburtstag meines Schwiegervaters. Sonst wäre ich natürlich gern mitgefahren« angesichts der Radtour der Kollegen am Vatertag).

Es wäre falsch, daraus zu folgern, Eindrucksmanager nutzten ihre darstellerische Begabung, um ihre Umwelt zu täuschen oder zu manipulieren. Erstens: Ausflüchte und Notlügen, taktische Rückzüge und geheuchelte Begeisterung sind das Schmieröl im zwischenmenschlichen Getriebe. In den meisten gesellschaftlichen Situationen ist freundliche Unaufrichtigkeit für alle Beteiligten wohltuender als aufrichtige Unfreundlichkeit. Und zweitens: Wer sein soziales Verhalten klug und pragmatisch der Situation und dem Gesprächspartner anpaßt, muß deshalb kein soziales Chamäleon sein. Denn: Wir alle verfügen über ein riesiges Repertoire an Ansichten, Neigungen und Gefühlen. Sie sind alle Teil unseres Ichs. Wenn wir im Umgang mit anderen eher die Facetten unseres Ichs präsentieren, die einem Gespräch am dienlichsten sind, verraten wir unser Selbst genausowenig, wie wenn wir für die Dolomitentour das karierte Flanellhemd und zu *Don Giovanni* das kleine Schwarze anziehen. Der Kern unseres Wesens bleibt davon unberührt.

Sich der Situation entsprechend verhalten

Jeder von uns spielt im Leben viele Rollen. Je nachdem, in welchem Kontext wir agieren, ist ein anderes Verhalten angesagt: Selbst wenn Sie Präsident der TU München wären – dem Mathelehrer Ihrer eher sprachlich begabten Tochter treten Sie nicht als (ranghöherer) Kollege, sondern als besorgter Vater gegenüber. Und ganz gleich, wie formlos der Umgangston in Ihrer Firma ist: Der Anruferin am Telefon sagen Sie nicht: »Der Nicki holt sich nur schnell einen Döner«, sondern: »Herr Dr. Sonnleitner ist gerade zu Tisch.«

Einfühlsame, sozial gewandte Menschen vollziehen diese Anpassung ganz automatisch. Menschen, die stark auf eine bestimmte Rolle fixiert sind, fällt es dagegen schwer, ihr Verhalten auf die jeweilige Situation einzustellen: Zu ihnen gehört der älteste Sohn, der es dem beruflich erfolgreicheren jüngeren Bruder überläßt, die Rede bei der goldenen Hochzeit der Eltern zu halten. Der Chef, der seine Sekretärin bei einem zufälligen Zusammentreffen im Biergarten gleich die Anweisungen für Montag morgen gibt. Die Internistin, die noch bei der Begegnung im Theaterfoyer das Arzt-Patienten-Verhältnis herausstreicht: »Na, die Lachsbrötchen sind ja nicht das Richtige für Sie – bei Ihrem Cholesterinspiegel.«

Damit Ihr Verhalten nicht wirkt, als würden Sie im falschen Stück auftreten, beachten Sie am besten die Faustregel: Nicht Sie und Ihr Selbstverständnis sind der

Maßstab der Dinge, sondern der Kontext, in dem Sie sich gerade bewegen. Von ihm hängt es ab, ob Sie eine Haupt- oder Nebenrolle spielen und welchen Text Sie zu sagen haben.

Also: Auch wenn Sie gerade arbeitslos sind, haben Sie als ältester Sohn die Pflicht und die Ehre, die Festrede auf die Eltern zu halten. Und ganz gleich, wie erfolgreich Sie im Beruf sind – im Familienkreis und bei Zufallstreffen mit Mitarbeitern, Klienten oder Patienten sind Sie »außer Dienst«. Das heißt: Sie unterhalten sich wie alle anderen auch über die Preiserhöhung der Stadtwerke, den frischen Beaujolais Primeur oder die Niederlage des FC Bayern. Das anstehende Meeting, der unverschämte Schriftsatz der Gegenpartei oder die notwendige Auffrischung des Impf- schutzes sollten Sie, wenn überhaupt, nur am Rande anspre- chen: »Übrigens, die Gegenseite hat auf unseren Brief rea- giert. Ich rufe Sie morgen deswegen an.«

Das Gespräch steuern

In einem Zweiergespräch oder in einer kleinen Runde von drei, vier Leuten sind alle dafür verantwortlich, daß das Ge- spräch nicht versickert, niemand außen vor bleibt und alle sich wohl fühlen. Je mehr Gesprächsteilnehmer diesen Job übernehmen, desto reibungsloser läuft die Unterhaltung.

PAUSEN FÜLLEN

Es geschieht in den besten Gesprächen: Plötzlich kommt die Diskussion zum Erliegen. Alle haben ihr Pulver verschos- sen. Peinliche Stille. Keiner schaut den anderen an. Wer es jetzt schafft, das Schweigen zu brechen, darf sich der allge- meinen Sympathie sicher sein.

In solchen Situationen hat es wenig Sinn, das letzte Thema noch einmal aufzuwärmen. Offensichtlich wurde es erschöpfend behandelt, sonst hätte es nicht in die Sackgasse geführt. Besser ist es, abrupt ein neues Thema anzusprechen:

... »Da fällt mir ein, ich wollte Sie ja nach der Telefonnummer Ihres Gärtners fragen. Bei uns muß dringend mal etwas im Garten getan werden.«

... »Übrigens, ich habe kürzlich Kurt und Marlene im Biergarten getroffen.«

... »Was halten Sie eigentlich von der Umorganisation des A-Bereichs?«

... Oder mischen Sie wie kürzlich Gerhard Schröder ein stockendes Gespräch mit der Frage auf: »Wetten, daß ich Ihnen die komplette deutsche Mannschaft mit Positionen bei der Fußballweltmeisterschaft 1954 aufsagen kann?«

Unerfreuliche Themen wechseln

Nicht alle Themen sind allen Anwesenden angenehm. Beim Sonntagsbraten im Familienkreis ist es offensichtlich: Der Partner scheut in der momentanen wirtschaftlichen Rezession die Frage der Schwiegereltern nach der Auftragslage. Der kleine Bruder würde nach seinem leichtsinnig verschuldeten Autounfall am liebsten sämtliche Themen abschaffen, die mit Versicherungsfragen, Verkehrsstatistik und Tempolimit zu tun haben. Die Eltern reagieren allergisch auf den Vorschlag, doch mal zur Kur zu fahren.

Egal, wie sehr ein Thema nervt, verletzt oder uns aus der Ruhe bringt: Meistens lassen wir die anderen weiterreden. Aus Höflichkeit, Harmoniebedürfnis oder weil wir nicht wissen, wie wir ihren Redefluß stoppen sollen. Nur: Haben Sie schon einmal überlegt, wie Sie wirken, wenn Sie ein für Sie unangenehmes Thema über sich ergehen lassen? Wahrscheinlich geht es Ihnen wie mir: Sie werden verlegen, fangen an zu stottern und werfen dem Redner beschwörende

Blicke zu, doch das Thema zu wechseln. Oder Sie reagieren aggressiv und arrogant. In Ihrer Antwort klingt durch: »Überlaßt das mal mir, was versteht ihr denn schon davon?«

Souveräner ist es, in solchen Fällen klar zu sagen: »Laßt uns bitte über etwas anderes sprechen. Das Thema ist für mich nicht erfreulich.« Am besten schneiden Sie gleich selbst ein neues Thema an, von dem Sie wissen, daß Ihr Gegenüber es begierig aufgreifen wird: »Ich werde über deinen Vorschlag nachdenken. Wie sieht es übrigens mit euren Urlaubsplänen aus?«

AUSSENSEITER INS GESPRÄCH ZIEHEN

Fast in jeder größeren Gesprächsrunde gibt es jemanden, der nicht zu Wort kommt oder abseits am Rande steht – aus Schüchternheit, weil sie neu in der Runde ist oder weil er mit dem Thema nichts anzufangen weiß. Oft sind die vermeintlichen Mauerblümchen auch einfach die einzigen ihrer Art in der Gruppe – der einzige Teenie unter Erwachsenen, die einzige Alleinerziehende in der Mutter-Kind-Gruppe, die junge Referendarin in einem Lehrerkollegium von Vierzig- und Fünfzigjährigen.

Erfahrene Small talker zeichnen sich dadurch aus, daß sie auch Neulinge, Schüchterne und Außenseiter ins Gespräch ziehen: Angenommen, die versammelten Elternpaare tauschen sich schon den halben Abend lang über Trotzphase und Einschlafprobleme aus. Dann ist es nett, dafür zu sorgen, daß auch die kinderlose Freundin etwas zur Diskussion beisteuern und vielleicht sogar ein bißchen mit ihrem Wissen glänzen kann: »Wir möchten Jonas möglichst bald in die musikalische Früherziehung schicken. Ute, du spielst doch Klavier und Querflöte. Welches Instrument würdest du denn für den Einstieg empfehlen?«

Auch gut: Ziehen Sie Außenseiter in ein Zwiegespräch. Häufig fühlen sich Mauerblümchen nur in größeren Runden unwohl und tauen im Zweiergespräch schnell auf. Wenn die

Schönen und Erfolgreichen des Familienclans sich über Shabby Chic und Urlaub auf Cape Cod, die schrägen Restaurant-Einrichtungen von Damien Hirst oder die Kunstszene in Berlin austauschen, dann bleibt der bodenständig gebliebenen Kusine eigentlich nichts anderes übrig, als still daneben zu sitzen. In dieser Situation helfen Sie ihr am besten, wenn Sie sie aus der Gruppe loseisen: »Ich glaube, ich vertrete mir mal ein bißchen die Füße. Christiane, hast du Lust mitzukommen? Erzähl doch mal, wie kommt Ihr denn mit eurem Hausbau voran? Steht der Rohbau schon?«

9

Der Körper spricht mit

> Wir gaben uns die Hand. Es ist bedauerlich, daß ich
> mich an diesen Moment nicht deutlicher erinnere.
> Das Händeschütteln ist der Schwellenakt, der Beginn
> aller Politik. Seither habe ich ihn millionenfach Hände
> schütteln sehen, trotzdem könnte ich nicht sagen,
> wie er das macht, das mit der Rechten: Kraft, Eigenart,
> Dauer, das Einmaleins des Händedrucks. Dafür kann
> ich einiges darüber sagen, was er mit der anderen Hand
> tut. Mit der ist er ein Genie. Er faßt dich am Ellbogen
> oder weiter oben am Bizeps – das sind Grundgriffe,
> reine Reflexe. Er interessiert sich für dich. Es freut ihn,
> dich kennenzulernen.
>
> ANONYMUS, *Mit aller Macht*

Egal, ob er talkt oder kocht – Alfred Biolek ist ein Meister der nonverbalen Kommunikation. »Wie nur wenige seiner Zunft«, so der Kommunikationstrainer Gert Semler, »schafft Alfred Biolek es in kürzester Zeit, auch bei schwierigen Themen eine vertrauensvolle, ja fast private Gesprächsatmosphäre herzustellen. Er vermittelt seinem Gast, daß er verstehen möchte, was ihn bewegt, was ihn antreibt, worunter er leidet. Er nimmt eine ähnliche Körperhaltung ein, gleicht sich in der Tonhöhe und in der Sprechgeschwindigkeit an, und sein Gesichtsausdruck wechselt – je nachdem, wie sich sein Gesprächspartner gerade fühlt – zwischen heiterer Fröhlichkeit, stirnrunzelnder Skepsis und tiefster Trauer.«

Bio hat erfaßt, worauf es ankommt: Kommunikation läuft nämlich zu achtzig oder mehr Prozent ohne Worte ab – über den Gesichtsausdruck, die Stimme, die Körperhaltung, das

117

Mienenspiel, die gestikulierenden Hände. Viele Menschen übersehen diese übermächtige Bedeutung der Körpersprache und konzentrieren ihr Bemühen um ein souverän gelassenes Auftreten auf die Verbesserung ihrer sprachlichen Ausdrucksfähigkeit: Sie wünschen sich, schlagfertiger zu antworten, sich gewandter auszudrücken, stichhaltiger zu argumentieren, mitreißender zu erzählen.

Was sie dabei nicht bedenken: Über die Worte tauschen wir Sachinhalte und Informationen aus. Unsere Gefühle und Empfindungen dagegen teilen wir vorwiegend über die Körpersprache mit: Wie schwungvoll wir einen Raum betreten, wie wir sitzen, schauen, lächeln, gehen und stehen, legt in kürzester Zeit fest, wie wir auf unser Gegenüber wirken: offen oder gehemmt, lebhaft oder schwerfällig, gelassen oder nervös, ausgleichend oder aggressiv, kontaktfreudig oder zurückhaltend, entschlossen oder zögerlich.

Der Körper lügt nicht

»Bei uns in der Siedlung«, erzählt Katja, 29 und Mutter eines einjährigen Sohnes, »wird erwartet, daß man die Nachbarin, die mit der Bitte um ein Ei vorbeikommt oder ein Paket abliefert, auf einen Schwatz hereinbittet. Dabei passiert es mir allerdings immer wieder, daß meine Einladung zu einer Tasse Tee abgelehnt wird und wir unter der Haustür klönen, statt am Küchentisch.« Katja konnte sich nie erklären, woran das lag. Bis sie beim Blättern in einem Buch über Körpersprache auf das Foto eines jungen Mannes stieß, der einen Besucher an der Haustür begrüßte und dabei den Türrahmen so ausfüllte, daß dem Gast der Weg in die Wohnung versperrt war. »Es war, als würde ich mich selbst sehen: Wenn jemand unerwartet klingelt und Jan wieder einmal das ganze Wohnzimmer auf den Kopf gestellt hat, baue ich mit meinem Körper auch so eine Barriere auf.

Manchmal halte ich mich sogar mit beiden Händen links und rechts am Türrahmen fest. Ein Gast müßte sich dann regelrecht unter meinen Armen hindurchschlängeln, um ins Haus zu kommen.«

Ohne es zu merken, hatte Katja Spontanbesuchern gegenüber eine Haltung eingenommen, die signalisierte, was sie sich bis dahin selbst noch nicht ganz eingestanden hatte: Die Formlosigkeit des Umgangs in der Siedlung paßt ihr nicht ins Konzept. So gern sie Besuch hat: Lieber ist es ihr, wenn Gäste vorher kurz anrufen, statt ohne Vorwarnung vorbeizuschneien. Deshalb stimmten Sprache und Körpersprache nicht überein. Ihr Verhalten war nicht *kongruent*.

Die Gefahr, daß wir uns inkongruent verhalten, ist immer dann gegeben, wenn wir uns unsicher fühlen oder unsere eigentlichen Empfindungen aus Höflichkeit oder taktischen Überlegungen heraus unterdrücken: Dann schaffen wir es zwar meistens, die richtigen Worte zu finden. Unsere körperlichen Verhaltensmuster entziehen sich dagegen einer hundertprozentigen Kontrolle: Selbst wenn wir im Gespräch mit der kritischen Kundin bewußt daran denken, ihr Kopf und Oberkörper zuzuneigen, drücken unsere zusammengepreßten Knie oder die beklommene Stimme aus, daß wir uns in ihrer Gegenwart nicht wohl fühlen. Langfristig führt der Weg zu mehr Ausstrahlung deshalb nicht über einstudierte Gesten und Bewegungsabläufe. Um glaubwürdig zu wirken, müssen wir innere Einstellung und äußere Haltung in Übereinstimmung bringen.

Haltung und Gang

Gang und Körperhaltung sind der Gradmesser unserer inneren Verfassung: Schon von weitem signalisieren sie, daß die Kollegin die Gehaltserhöhung durchgesetzt und die Tochter in Physik die dritte Fünf in Folge kassiert hat. Selbst meiner Katze sehe ich beim Nachhausekommen an der Haltung an, ob sie eine Maus erwischt oder im Kampf mit dem Nachbarkater den kürzeren gezogen hat.

In den Glücksmomenten, in denen wir uns geliebt, schön oder erfolgreich (oder alles zusammen) fühlen, strafft sich der Körper unwillkürlich. Wir richten uns in der Taille auf, bewegen uns rasch, aber nicht hektisch, blicken freimütig in die Welt und tragen den Kopf hoch. Ganz anders nach einem Mißerfolg. Dann fühlen wir uns klein und häßlich, und das sieht man uns an: Mit eingezogenem Nacken, hängenden Schultern, gesenktem Blick, über der Brust verschränkten Armen, eingeknicktem Becken und angewinkeltem Bein ducken wir uns vor den Schicksalsschlägen weg. Wie ein verängstigtes Tier bieten wir möglichst wenig Angriffsfläche.

Diesen angeborenen Mechanismus zu beeinflussen, ist gar nicht so leicht. Eine selbstverständlich selbstbewußte Haltung erfordert Arbeit an Körper, Geist und Seele. Also neben der Entwicklung von Lebensfreude und innerer Sicherheit möglichst auch ein gezieltes Körpertraining: Wer zum Beispiel regelmäßig Yoga macht oder Tai-Chi, tanzt, schwimmt, reitet oder Tennis spielt, stärkt mit den Muskeln ganz automatisch die körperliche Ausdrucksfähigkeit. Mit der Zeit verleiht die gewachsene Körperbeherrschung auch im Alltag mehr Präsenz.

Dazu kommt: Eine aufrechte Haltung, ein dynamischer Gang erhöhen unser geistig-seelisches Wohlbefinden. Unwillkürlich bewirkt die Veränderung der Körperhaltung, daß wir bestimmter auftreten und aufgeschlossener für neue Eindrücke sind. Achten Sie einmal darauf, wie Sie sich fühlen, wenn Sie einen raschen Spaziergang gemacht oder die Treppen zwei Stufen auf einmal genommen haben: Depressive Gedanken oder schlechte Laune sind danach oft wie weggeblasen. Umgekehrt können erzwungen langsame Bewegungen – zum Beispiel, wenn wir im Gedränge der Weihnachtseinkäufer nicht so rasch ausschreiten können wie gewohnt – dazu führen, daß wir uns auch innerlich schlaff und undynamisch fühlen.

DAS KÖNNEN SIE TUN

Wirklich grundlegend lassen sich Gang und Körperhaltung nur durch Körpertraining und eine positive geistige Einstellung verändern. Trotzdem lohnt es sich, die eigenen Verhaltensweisen beim Stehen, Gehen und Sitzen zu beobachten. Die eine oder andere schlechte Angewohnheit kann man sich nämlich auch durch Achtsamkeit abgewöhnen.

Stehen: Stellen Sie sich aufrecht hin, verteilen Sie Ihr Gewicht gleichmäßig auf beide Beine, lassen Sie die Arme lässig am Körper herunterhängen und heben Sie das Kinn unmerklich an. Die Fußspitzen sind leicht nach außen gerichtet. Probieren Sie diesen Stand vor dem Spiegel aus. Denken Sie dabei an ein schönes Erlebnis oder eine Aufgabe, die Sie vor kurzem erfolgreich bewältigt haben. In dieser Haltung wirken Sie positiv und zugänglich.

Das sollten Sie vermeiden: Hängende Schultern, ein eingeknicktes Becken und Standbein-Spielbein-Haltung wirken unsicher und traurig. Ein eingezogener Hals und über der Brust verschränkte Arme lassen Sie verklemmt aussehen. Auch schlecht: Mit in die Hüften gestemmten Armen nehmen wir uns zwar Raum, wirken dabei aber plump und ungewandt.

Gehen: Halten Sie sich gerade, heben Sie den Kopf, und lassen Sie die Arme seitlich am Körper herabhängen. Machen Sie relativ große Schritte, setzen Sie die Ferse auf, rollen Sie den Fußballen ab, und achten Sie darauf, daß die Fußspitzen nach vorne zeigen. Während Sie gehen, lassen Sie Ihre Arme im Rhythmus locker mitschwingen. Am besten wirken Sie, wenn Sie lässig schlendern oder mit ausgreifenden Schritten durchs Leben stürmen.

Das sollten Sie vermeiden: Langsame, schleppende Schritte wirken schwerfällig und depressiv; kleine, trippelnde Schritte signalisieren Ängstlichkeit und Vorsicht; wer sich ohne nach links und rechts zu schauen den Weg bahnt, erscheint stur und rücksichtslos.

Sitzen: Sitzen Sie gerade, so daß beide Füße Bodenkontakt haben. Neigen Sie den Oberkörper leicht nach vorne und legen Sie eine Hand oder beide Hände auf die Tischplatte.

Das sollten Sie vermeiden: Sitzen Sie nicht sprungbereit auf der Stuhlkante. Rutschen Sie nicht auf dem Stuhl herum. Vermeiden Sie es, Schutzbarrieren aufzubauen und die Arme über der Brust zu verschränken oder die Hände um die Knie zu schlingen. Beides signalisiert Unsicherheit und Abwehr. Selbstdarsteller müssen dagegen darauf achten, sich nicht allzu breit zu machen: weit ausgestreckte, womöglich auch noch gespreizte Beine wirken nicht lässig, sondern ungezogen.

Mimik

In manchen Gesichtern kann man lesen wie in einem offenen Buch: Leuchtende Augen, ein leichtes Lächeln und entspannte Gesichtszüge signalisieren Ihrem Gegenüber Ihre Freude über eine Einladung überzeugender als tausend Worte. Umgekehrt strafen ein ausweichender Blick und nach unten zeigende Mundwinkel die wohlgesetztesten Dankesworte Lügen.

Wie keine andere Form der nonverbalen Kommunikation ist das Gesicht mit seinen 23 Muskelsträngen dazu geeignet, unsere Gefühle in all ihren Nuancen widerzuspiegeln. Wissenschaftliche Untersuchungen zeigen: Ob uns unser Gegenüber sympathisch findet oder nicht, hängt in erster Linie vom Gesichtsausdruck ab, in zweiter Linie vom Ton-

fall der Stimme und nur zu einem sehr kleinen Teil vom ge-
sprochenen Wort. Allerdings können die meisten Menschen
ihren Gesichtsausdruck besser kontrollieren als Haltung
oder Gestik. Um einen Gesprächspartner richtig einzuschät-
zen, sollten Sie deshalb nicht nur auf seine Mimik achten,
sondern auch auf seine Stimme und seine Körperbewegun-
gen. Ein verärgerter Diskussionspartner schafft es vielleicht,
gelassen zu lächeln. Aber er spricht mit kühl-distanzierter
Stimme und wippt mit dem Fuß.

Darauf sollten Sie achten. *Die* passende Mimik für jede Gelegenheit gibt es nicht: Schließlich soll Ihr Gesichtsausdruck
das, was Sie oder Ihr Gegenüber sagen, kommentieren. Er
wird sich somit während eines Gesprächs ständig verändern.

Um ein gutes Gesprächsklima herzustellen, ist es aber
wichtig, daß Sie vor allem am Anfang einer Unterhaltung
lächeln und Ihr Gegenüber direkt anblicken. Im weiteren
Verlauf des Gesprächs bestimmt dann das Thema den Gesichtsausdruck: Wenn Sie ein Gespür für die Stimmungen
und Gefühle Ihres Gegenübers haben, wird Ihr Gesichtsausdruck automatisch seine Empfindungen widerspiegeln.
Auch gut: Ein klares, offenes Gesicht ohne großes Mienenspiel signalisiert dem anderen, daß Sie ihn sympathisch finden und interessiert zuhören.

Das sollten Sie besser vermeiden: Zusammengekniffene
Lippen, gefletschte Zähne, nach unten gezogene Mundwinkel, einen ausweichenden Blick, Schmollmund und ste-
reotypes Dauerlächeln, ein herrisch nach oben gerecktes
Kinn.

Gestik

Neben dem Gesicht sind die Hände der sichtbarste und ausdrucksstärkste Teil des Körpers. Im Idealfall untermalen die Bewegungen der Hände unsere Äußerungen, unterstreichen den Sprechrhythmus und illustrieren das Gesagte. Wie wir dabei die Hände und Arme bewegen – weit ausgreifend, zart tupfend, langsam schwebend, geschmeidig gleitend, ruckartig stoßend oder hektisch peitschend –, ist dagegen eine Sache des Temperaments und von Mensch zu Mensch verschieden.

Um die für Sie typischen Bewegungsmuster herauszufinden, stellen Sie sich am besten vor einen Spiegel und erzählen laut ein lustiges oder aufregendes Erlebnis. Begleiten Sie jeden Satz mit den entsprechenden Gesten. Achten Sie dabei auf Ihre Arme, Hände und Finger: Halten Sie die Oberarme beim Gestikulieren eng an den Körper gepreßt? Oder nutzen Sie den Raum um sich herum? Wie würden Sie Ihre Bewegungen charakterisieren: Autoritär? Einhämmernd? Kraftvoll? Oder eher zart und leise? Unscheinbar? Fahrig und hektisch? Reiben Sie sich die Hände? Stoßen Sie mit der geballten Faust? Zerschneiden Sie mit dem Handteller in rhythmischen Bewegungen die Luft vor sich? Legen Sie die Hände locker auf Bauchhöhe ineinander, so wie Schwangere es gerne tun? Oder sehen Sie aus, als würden Sie in langsam-schwebenden Bewegungen ein Adagio dirigieren? Welche Rolle spielen Ihre Finger beim Gestikulieren?

Darauf sollten Sie achten. Die Sprache der Hände unterstreicht Ihre Persönlichkeit. Sie gibt Ihnen Lebendigkeit und Ausdrucksstärke. Deshalb: Widerstehen Sie dem Impuls, die Arme vor der Brust zu verschränken oder beide Hände in der Hosentasche zu versenken. Für Menschen mit einer ausgeprägten Gestik erübrigt sich die Frage: Wohin mit den Händen? Sie haben beim Sprechen nämlich alle

Hände voll zu tun, ihren Worten durch die entsprechenden Gesten Nachdruck zu verleihen. Ganz wichtig dabei: Bei Ihren Gesprächspartnern kommen offene Gesten, bei denen Sie die Handflächen zeigen, besser an als dominante oder verdeckte Handbewegungen. Achten Sie deshalb in Gesprächen bewußt auf geöffnete entspannte Hände und Finger: Sie bedeuten Ihrem Gegenüber, daß Sie in friedlicher Absicht gekommen sind und nichts zu verbergen haben.

Das sollten Sie vermeiden. Unsere Hände sind verräterisch: Die wegwischende Handbewegung signalisiert Verachtung, die geballte Faust Aggression, der erhobene Zeigefinger Rechthaberei, verschränkte Arme Verschlossenheit oder Skepsis, das Spielen mit dem Armband und das Zupfen an der Kleidung Unsicherheit, das Kratzen am Kopf Verlegenheit. Anders als der Gesichtsausdruck lassen sich Gesten nur schwer kontrollieren und führen deshalb besonders oft zu einem inkongruenten Verhalten – zur Faust geballte Hände konterkarieren den Appell »Darüber sollten wir in Ruhe reden ...«

Stimme

Es ist halb neun Uhr abends. Ich sitze, was eher selten vorkommt, noch am PC und brüte über einer kniffligen Übersetzung, die ich Ende der Woche abgeben muß. Das Telefon klingt. »Ja, hallo«, melde ich mich, die Augen weiterhin auf den Bildschirm gerichtet. »Arbeitest du etwa noch?« sagt meine Mutter. »Wie kommst du darauf?« frage ich zurück. »Ich weiß nicht, du klingst so geistesabwesend.« Zwei Worte haben ihr genügt, um aus meiner Stimme meine Stimmung herauszuhören.

Wir wissen es alle: Tonfall, Klanghöhe und Sprechtempo verraten über unsere innere Befindlichkeit oft mehr, als uns lieb ist. Das hängt mit der Physiologie der Stimme zusammen. Auf einen einfachen Nenner gebracht brauchen wir nämlich für die Tonerzeugung Luft und Raum: »Atmung und«, so der Altmeister der Sprecherziehung, Julius Hey, »das lockere Muskelspiel des gesamten Körpers.«

Atmung und Körperspannung aber sind in hohem Maße von unserer inneren Befindlichkeit abhängig. So gesehen, ist es kein Wunder, wenn Streß und Angst, Gelassenheit und Selbstbewußtsein auch auf die Stimme durchschlagen: Fühlen wir uns mies, lassen wir den Kopf hängen. Wir atmen flach, die Kehle ist wie zugeschnürt. Die Folge: Wir bekommen zu wenig Luft, der eingefallene Brustkorb verkleinert den Resonanzraum, die Stimme klingt gepreßt. Der Inhalt unserer Worte kann dann noch so gut sein – wir klingen einfach nicht überzeugend.

Ein Beispiel: Beim Small talk vor der Konferenz zieht uns ein Kollege wegen unserer Vorliebe für teure Designer-Klamotten auf. Damit hat er zwar in der Sache recht, aber vor den Kollegen ist uns das Thema unangenehm. Die Folge: Ohne unser Zutun setzt der Körper sein Kampf-Flucht-Programm in Gang, bei dem unter anderem die Atmung stark angeregt wird. Wir atmen zuviel Luft ein und zuwenig aus. Wenn wir dann auch noch meinen, erklären zu müssen, warum es sich lohnen kann, statt eines No-name-T-Shirts für 29,90 Mark eines von Strenesse für 119 Mark zu kaufen, klingen wir vor lauter Einatmen kurzatmig und gehetzt. Wir japsen nach Luft und verhaspeln und versprechen uns. Fühlen wir uns dagegen wohl und wertgeschätzt, ist unser Körper ganz entspannt – das gilt auch für die Muskeln, die die Stimmbänder regulieren –, und wir atmen ruhig und gleichmäßig. Unsere Stimme klingt weicher, voller und melodischer.

Das können Sie tun: Je positiver Sie denken, je entspannter Sie sind, desto angenehmer klingt auch Ihre Stimme. Deshalb: Lächeln Sie, ehe Sie zum Telefonhörer greifen; atmen

Sie ruhig aus, bevor Sie etwas Wichtiges sagen möchten; entspannen Sie sich, und denken Sie an etwas Schönes, bevor Sie zu einem Empfang gehen. Und: Hören Sie Ihre Stimme auf einem Kassettenrecorder ab, auch wenn das Überwindung kostet. Ist die Stimme zu laut, zu leise, schrill, monoton, lebendig, schön moduliert? Oft hilft es schon, bewußt darauf zu achten, am Satzende mit der Stimme herunterzugehen, das Sprechtempo zu variieren und gezielte Pausen zu machen, um mehr Aufmerksamkeit beim Zuhörer zu finden.

Ein Gefühl für Ihre natürliche Stimmlage bekommen Sie, wenn Sie Kaubewegungen machen und dazu »nam, nam« oder »hm« sagen, als würden Sie beruhigend mit einem Baby sprechen. Versuchen Sie, Ihre Stimme in diese Lage zu bringen, wenn Sie aufgeregt oder verärgert sind. Szenen aus dem Privatleben beweisen, daß das geht: Da sind wir nämlich ohne weiteres in der Lage, im einen Moment wutentbrannt und lautstark mit dem Partner zu streiten und im nächsten mit sanfter Stimme das Baby zu beruhigen.

Außerdem wichtig: Stimmen Sie Ihr Sprechtempo und Ihre Lautstärke auf Ihr Gegenüber ab. Redet Ihre Gesprächspartnerin überlegt und leise, schalten Sie am besten ebenfalls einen Gang zurück. Das geht am einfachsten, wenn Sie mit Ihren Arm- und Handbewegungen einen langsameren Takt vorgeben: Die Stimme schwingt sich automatisch auf den Tempowechsel ein. Wenn Sie dagegen merken, daß Ihr Gesprächspartner zu Ihren Ausführungen nervös und ungeduldig nickt, kann es sinnvoll sein, um des übereinstimmenden Rhythmus willen auch selbst etwas schneller zu sprechen.

Das sollten Sie vermeiden: Flüstern und Hauchen weisen auf Unsicherheit und Menschenscheu hin; ein allzu lautes Organ drängt die anderen in die Defensive; eine hohe schrille Tonlage wirkt überspannt und hysterisch, eine monotone Stimme ohne Wechsel im Tempo und in der Laut-

Der Körper spricht mit

stärke schlaff und pessimistisch. Laute wie »äh« und »hm«, die Denkpausen füllen, sollten Sie nach Möglichkeit vermeiden.

Körperkontakt

Jana sitzt beim Friseur. Obwohl ein Termin vereinbart war, muß sie eine Viertelstunde warten. Endlich wendet sich die Friseurin ihr zu. Gemeinsam besprechen sie Haarfarbe und Schnitt. Da wird die Friseurin ans Telefon gerufen. Auch das noch! Bevor sie geht, sagt sie »Entschuldigung, ich bin gleich wieder für Sie da«, lächelt der Kundin im Spiegel in die Augen und berührt sie leicht an der Schulter. Jana fühlt sich besänftigt. Nicht nur durch Worte, sondern auch durch das Lächeln und die Berührung signalisiert die Friseurin: Ich weiß, daß Sie sich vernachlässigt fühlen. Gerade wenn sich ein Konflikt anbahnt, ist es gut, den Gesprächspartner auch mal kurz am Arm oder an der Schulter zu berühren – Berühren tröstet und baut Spannungen ab.

Darauf sollten Sie achten. Wenn Sie einen anderen umarmen, ihm die Hand auf die Schulter legen, ihm lange die Hand drücken oder ihm ein Haar vom Jackett entfernen, drücken Sie Zuneigung, Anerkennung, Mitgefühl oder Fürsorge aus. Gleichzeitig dringen Sie aber auch in die Intimzone Ihres Gegenübers ein. Zwei Menschen müssen einander also schon mögen, um eine Berührung, eine Umarmung oder gar einen Kuß als angenehm zu empfinden.

Und: Körperkontakt begrenzt die Bewegungsfreiheit. Es kann gut sein, daß sich Ihr Gegenüber von Ihrer Herzlichkeit bedrängt und vereinnahmt fühlt. Achten Sie deshalb bei Berührungen darauf, dem anderen Luft zum Atmen und die Möglichkeit zum unauffälligen Rückzug zu lassen. Das

Körperkontakt

fängt damit an, daß Sie beim Händedruck die Hand Ihrer Gesprächspartnerin nicht schraubstockartig umklammern. Daß Sie den anderen bei der Gratulation zur bestandenen Prüfung lieber kurz am Oberarm berühren, als ihm – von oben herab – auf die Schulter zu klopfen. Daß Sie sich bei Umarmungen und Wangenküssen außerhalb des engsten Familienkreises auf eine leichte Berührung der Schulterblätter und ein, zwei angedeutete Wangenküsse beschränken. Sollte Ihr Gegenüber sich mehr Körperkontakt wünschen, wird er ihn von sich aus intensivieren.

10
Störungen, Klärungen

> »Ihr Rambouillet ist ja vollständig versammelt«, sagte
> er, die ganze Gesellschaft musternd, »die Grazien und
> die Musen.« Aber Fürstin Betsy konnte diesen Ton
> nicht ausstehen, dieses sneering, wie sie es nannte, und
> zog ihn daher als kluge Gastgeberin sofort in ein
> ernsthaftes Gespräch über die allgemeine Wehrpflicht.
> Alexej Alexandrowitsch ließ sich sofort von diesem
> Thema hinreißen.
>
> LEO TOLSTOJ, *Anna Karenina*

Unterhaltungen funktionieren nach dem Ping-Pong-Prinzip: Sie können sich noch so sehr anstrengen – wenn Ihr Gegenüber nicht mitspielt, fliegen Ihre Bemühungen ins Aus. Die Kommunikationsexpertin Susan Roane empfiehlt, in solchen Situationen nach Möglichkeit kurzen Prozeß zu machen, sich höflich zu verabschieden (»Ich wünsche Ihnen noch einen schönen Urlaub«) und sich angenehmeren Gesprächspartnern zuzuwenden. Das Leben sei zu kurz, um die Zeit mit notorischen Gesprächsstörern zu verbringen.

Allerdings: Beim Achtzigsten von Oma Paula, bei der Weihnachtsfeier im Betrieb oder auf dem Flug München–Chicago funktioniert diese Taktik nicht. Dort müssen wir den sich selbst inszenierenden Schwager, die einsilbige Kusine, den witzereißenden Kollegen und den aufdringlichen Sitznachbarn wohl oder übel ertragen – um des lieben Friedens willen, aus Höflichkeit oder einfach mangels Fluchtmöglichkeit. Wie Sie taktvoll dafür sorgen, daß aus solchen Situationen kein Schrecken ohne Ende wird, erfahren Sie in diesem Kapitel.

130

Besserwisser, Miesepeter und Experten

Sie wissen, daß wir unsere Küche besser mit wischfester Latex- statt mit umweltfreundlicher Dispersionsfarbe gestrichen hätten (»Du wirst sehen, das hält keine zwei Jahre.«). Sie versorgen uns ungefragt mit dem Ratschlag, beim Tennisschwung die Schulter weiter zurückzunehmen (»So bekommt Ihre Rückhand nie mehr Druck.«). Und wenn wir einwenden, der Tennislehrer hätte uns erst kürzlich davon abgeraten, insistieren sie erst recht. Sie belehren die Tischrunde über den Cholesteringehalt der raffiniert gewürzten und nicht eben billigen Langusten. Und natürlich vergessen sie bei dieser Gelegenheit nicht, darauf hinzuweisen, daß der Becquerel-Gehalt von Waldpilzen noch immer gefährlich hoch ist. Um dann schnurstracks auf den dramatischen Anstieg der Krebserkrankungen in der Gegend um Tschernobyl zu sprechen zu kommen. Womit der Missionar und Gesundheitsapostel es mal wieder geschafft hätte: Die anderen Gäste hören betreten schweigend zu. Der Appetit an dem schönen Essen ist ihnen vergangen.

Belehrungen, Moralisieren und Faktenhuberei killen jeden netten Small talk: Zum einen reißen die Besserwisser und Experten das Gespräch an sich und beanspruchen übermäßig viel Redezeit. Zum anderen, und das ist viel schlimmer, vermiesen sie uns die Freude, kratzen an unserem Selbstbewußtsein und drängen uns in die Defensive. Wer kann schon sagen, ob die Zahlen und Daten stimmen, mit denen sie da um sich werfen? Oft fehlt uns einfach das Sachwissen, ihre Behauptungen hier und jetzt zu widerlegen. Und wenn der Moralisierer das Elend der Welt ins Spiel bringt, wirkt unser Wunsch nach einem schönen Essen in stimmungsvoller Atmosphäre oberflächlich.

Störungen, Klärungen

GEGENSTRATEGIEN

Diskussionen vermeiden. Experten und Oberlehrer sind hartnäckig und streiterprobt. In Diskussionen mit ihnen ziehen Sie deshalb meistens den Kürzeren. Besser ist es, den ungebetenen Ratschlägen und unerfreulichen Themen möglichst rasch ein Ende zu machen.

Dem Besserwisser rechtgeben. Es ist unbestritten: Langusten haben einen hohen Cholesteringehalt. Stimmen Sie dem genußfeindlichen Gesundheitsapostel deshalb mit großzügiger Geste zu: »Da gebe ich dir recht. Aber ich finde, sie schmecken einfach herrlich.« Und wenden Sie sich dann wieder den anderen Gästen zu: »Jörg, du wolltest mir doch das Rezept für deine Minestrone mitbringen.«

Unerwünschte Kommentare ins Leere laufen lassen. Am einfachsten ist es, die Expertenmeinung unkommentiert zur Kenntnis zu nehmen. Sagen Sie freundlich-interessiert: »Finden Sie?« »Das ist ein Gesichtspunkt.« »Das mag sein.« »Das klingt interessant.« »Du meinst, wir haben die falsche Farbe gewählt.« Damit vergeben Sie sich nichts: Ihre eigene Meinung zum Thema bleibt völlig offen.

Beide Meinungen gelten lassen: »Schön, daß Sie mit Ihrer Schwungtechnik so gut zurechtkommen. Aber ich halte mich doch lieber an die Empfehlungen meines Trainers – damit bin ich bisher ganz gut gefahren.«

Das Verhalten des Besserwissers offen ansprechen. Angenommen, ein Bekannter will Ihnen beim Grillabend mit Freunden hartnäckig einreden, daß Sie Ihre neue Eigentumswohnung mit Bausparverträgen weit günstiger finanziert hätten als mit Bankkrediten. Dann ist es legitim, wenn Sie durchblicken lassen, daß das Thema Sie nervt und ihn nichts angeht: »Ehrlich gesagt, ich bin froh, daß die Finan-

132

zierung endlich steht. Heute abend möchte ich mich gerne über etwas anderes unterhalten.«

Die Selbstdarsteller

Es gibt sie bei jedem Elternabend und jedem Familienfest: Die Selbstdarsteller, die jede Unterhaltung als Ein-Mann-Stück betrachten, in dem sie selbst der Hauptdarsteller sind und alle anderen das applaudierende Publikum. Oft beruflich erfolgreich und gut situiert, nehmen sie ganz selbstverständlich an, daß sie auch im Privatleben immer und überall den Ton angeben: Schließlich gibt es weit und breit niemanden, der eine vergleichbar aufregende Karriere macht, ein auch nur halb so interessantes Leben führt oder ähnlich begabte Kinder hat wie sie. Das mag sogar stimmen. Trotzdem gibt ihr Erfolg den Überfliegern nicht das Recht, Gespräche im Freundes-, Familien- und Bekanntenkreis zu monopolisieren und das Ping-Pong-Prinzip des Small talk außer Acht zu lassen. Dazu gehört es nämlich, daß jeder mal Gelegenheit hat, mit seinen Begabungen, Erfolgen oder Erlebnissen zu glänzen.

Es nagt am Selbstbewußtsein, wenn man sich immer nur in der Rolle des staunenden Zuhörers wiederfindet: Offenbar hat man in den Augen der anderen selbst nichts zum Gespräch beizusteuern, ist das eigene Leben zu uninteressant, um bei den anderen auf Interesse zu stoßen. Das zarte Pflänzchen Ausstrahlung welkt im Schatten der Siegertypen traurig vor sich hin.

GEGENSTRATEGIEN

Loben. Was uns bei zurückhaltenderen Menschen selbstverständlich ist, fällt uns im Gespräch mit selbstverliebten Siegertypen schwer: ihre unbestrittenen Leistungen und Erfolge anzuerkennen. Deshalb: Spenden Sie einem notorischen Platzhirsch statt des widerwilligen »Aha, toll«, das Sie sich für gewöhnlich abringen, doch einmal ein freiwilliges Lob. Ergreifen Sie die Initiative, und sagen Sie gleich bei der Begrüßung: »Ich habe gehört, Sie statten die neue Stadthalle aus. Schön, daß Ihr Büro den Auftrag bekommen hat.« Der Gewinn für Sie: Ihr Gegenüber wird Sie für freundlich, kompetent und informiert halten. Und Sie gestalten Ihren Auftritt aktiv, statt passiv die Ihnen zugewiesene Rolle zu übernehmen.

Den Redefluß mit einer schließenden Frage unterbrechen. Stellen Sie bei nächstbester Gelegenheit eine Frage, auf die auch Selbstdarsteller nur mit Ja oder Nein reagieren können: »Sie haben also vor, Ihre neue S-Klasse zu leasen?« Greifen Sie die Antwort kurz auf, und leiten Sie dann zu einem neutralen Thema über: »Ich denke auch, daß sich das rechnet. Übrigens, weil wir gerade bei Daimler sind: Der Smart scheint ja recht gut anzukommen.«

Unverbindlich bleiben. Selbstdarsteller finden nichts dabei, Beifallsäußerungen ungeniert einzufordern: »Na, wie findet ihr das neue Wohnzimmer?« Die ehrliche Antwort, daß Ihnen das sterile Wohnen in Weiß, Chrom und Leder Kälteschauer den Rücken hinunterjagt, verbietet die Höflichkeit. Andererseits wissen Sie aus Erfahrung: Es gelingt Ihnen einfach nicht, unehrliche Beifallsbekundungen ohne gequältes Lächeln und einen falschen Ton in der Stimme zustandezubringen. Am besten retten Sie sich ins Nichtssagend-Unverbindliche: »Wirklich, sehr geschmackvoll. Ich habe erst kürzlich einen längeren Artikel über Le Corbusier gelesen.« Damit lassen Sie Ihre eigene Meinung offen und brüskieren Ihr Gegenüber nicht.

Der falsche Weg: Übertrumpfen und kleinreden. Auf einen groben Klotz gehört kein grober Keil. Auf den ersten Blick bereitet es vielleicht Genugtuung, den exaltierten Schwär-

mereien der Nachbarin von den Salzburger Festspielen mit
dem lässigen Hinweis zu begegnen, seit Karajans Tod sei
Salzburg ja auch nicht mehr das, was es einmal gewesen war.
Das Problem dabei: Von innerer Größe zeugt diese Art von
Kleinlichkeit nicht. Eindruck läßt sich auch subtiler schin-
den: »Ja, die Salzburger Festspiele sind schon etwas Besonderes. Die konzertante Parsifal-Aufführung mit Waltraud
Meier hat ja eine ausgezeichnete Kritik bekommen.« Un-
ausgesprochen steht dahinter: Ich war zwar noch nicht live
dabei. Mit klassischer Musik kenne ich mich trotzdem aus.

Die Schweiger

Für ihr Gegenüber sind sie eine harte Nuß: die großen
Schweiger. Grundsätzlich warten sie darauf, daß der andere
anfängt zu reden. Und ganz gleich, ob man ihre Rosenzucht
oder die eigene Schottlandreise, Online-Banking oder die
anstehende Tour de France ins Gespräch bringt: Mehr als
ein »ja«, »nein« oder »aha« ist ihnen nicht zu entlocken. Solche Menschen als Tischnachbarn zu haben, ist nicht nur
mühsam, sondern auch verunsichernd: Man weiß nie so
recht, was in dem schweigsamen Gegenüber vorgeht. Ist die
Gesprächspartnerin einfach schüchtern und unsicher? Lang-
weilt sie das Thema? Findet sie uns unsympathisch? Oder
betrachtet sie womöglich heimlich amüsiert, wie wir uns
winden und wenden, um doch noch ein Gespräch in Gang
zu bringen?

Ganz gleich, was hinter der Einsilbigkeit eines Gesprächspartners steckt: Seine Reserviertheit setzt uns unter Druck.
Wir fühlen uns verpflichtet, das Schweigen zu überbrücken
und doch noch ein gemeinsames Thema zu finden. Das kann
dazu führen, daß wir mehr von uns preisgeben, als wir
eigentlich möchten. Die Symmetrie des Gesprächs gerät aus
dem Gleichgewicht. Wir kommen uns vor, als stünden wir
auf der Verliererseite.

Störungen, Klärungen

GEGENSTRATEGIEN

Offene Fragen stellen. Fragen wie »Haben Sie sich in Dresden gut eingelebt?« oder »Wie gefällt dir dein neuer Job?« beantworten die Wortkargen knapp mit »ja«, »es geht so« oder »gut«. Besser ist es zu fragen: »Wie weit ist denn der Wiederaufbau der Frauenkirche fortgeschritten? Erzählen Sie doch mal.« Oder: »Welche Aufgaben umfaßt eigentlich der Regionalleiter-Job?« Um solche Fragen höflich zu beantworten, müssen sich auch die Schweiger zumindest zwei, drei Sätze abringen.

Pausen entstehen lassen. Blicken Sie Ihrem Gegenüber freundlich-erwartungsvoll ins Gesicht. Wenden Sie den Blick nicht ab. Das entstehende Schweigen braucht Ihnen nicht peinlich zu sein: Vielleicht empfindet Ihr Gesprächspartner eine Pause einfach nicht so schnell als unangenehm wie Sie. Und außerdem: Sie haben sich alle Mühe gegeben, ein Gespräch in Gang zu bringen. Jetzt ist Ihr Gegenüber am Zug. Behalten Sie die Nerven, auch wenn es Ihnen schwer fällt. Fast alle Menschen brechen früher oder später das Schweigen.

Bewegung ins Gespräch bringen. Bewegung beflügelt den Geist: Vielleicht bringt ein gemeinsamer Spaziergang oder ein Rundgang durch die neue Fertigungshalle einen einsilbigen Gesprächspartner dazu, mehr aus sich herauszugehen. Und: Man muß nicht immer miteinander reden, um Berührungspunkte zu finden. Gemeinsame Aktivitäten erfüllen den gleichen Zweck: Schlagen Sie dem schweigsamen Schwiegervater eine Partie Schach vor, und laden Sie den wortkargen Geschäftspartner lieber zum Angeln statt zum Geschäftsessen ein.

136

Die Kontroversen

Sie diskutieren um des Diskutierens willen: Wenn alle Welt von *Titanic* begeistert ist, hacken sie auf der eindimensionalen Lovestory zwischen Jack und Rose herum. Wenn ein angeregtes Gespräch über die amerikanische Dienstleistungskultur im Gange ist, funken sie mit dem Hinweis auf ausbeuterische MacJobs dazwischen. Und wenn die anderen Enkel mit Omas Klagen über die laute Studenten-WG im Nachbarhaus sympathisieren, löcken sie wider den Stachel: »Also das ist ja wirklich spießig. Ihr könnt doch nicht erwarten, daß ein Studi mit den Hühnern schlafen geht!«

Hinter der Lust am Widerspruch können sehr achtenswerte Motive stecken: zum Beispiel Engagement oder das Bedürfnis zu differenzieren. Oft ist der Übergang vom Small talk zur Diskussion auch ein Zeichen für wachsende Vertrautheit der Gesprächspartner. Die Beziehung ist soweit gediehen, daß sie Phasen der Nicht-Übereinstimmung aushalten kann. Nur Leute, die einander nahestehen, streiten miteinander.

Trotzdem kann Diskussionsfreudigkeit das Gesprächsklima verderben. Bei Gesprächspartnern, die sich noch nicht sehr lange kennen, dient der Small talk dazu, erst einmal das Terrain zu sondieren und die wechselseitigen Empfindlich- und Verletzlichkeiten auszuloten. Und in vielen Situationen – bei der Konfirmation des Ältesten ebenso wie beim Geschäftsessen mit Kunden – ist uns als Gastgebern am Einvernehmen der Gäste gelegen. Hitzige Debatten haben hier keinen Platz – auch wenn sie vielleicht nur als Schaukampf geführt werden.

GEGENSTRATEGIEN

Einwände gelassen zur Kenntnis nehmen. Signalisieren Sie Ihrem Gesprächspartner, daß Sie seine Meinungen beachtenswert finden, ohne sie deshalb unbedingt zu teilen: »Das klingt interessant.« »Ich werde darüber nachdenken.« »Das ist eine Überlegung wert.« Danach wechseln Sie das Thema.

Angriffe ins Leere laufen lassen. Herausfordernde Bemerkungen federn Sie am besten ab, indem Sie auf Erklärungen oder Rechtfertigungen verzichten. Wenn Ihr Nachbar Ihre undurchdringliche Eibenhecke mit der Bemerkung kommentiert, »Am liebsten hätten Sie wohl ein Dornröschenschloß«, antworten Sie lächelnd: »Ja, ›Dornröschen‹ war schon immer mein Lieblingsmärchen.« Oder bringen Sie das Gespräch auf die sachliche Ebene zurück: »Sie finden, daß unsere Hecke hoch geworden ist?«

Reden lassen. Es gibt immer Menschen, die felsenfest davon überzeugt sind, schwarz-gelb sei besser als rot-grün (oder umgekehrt), jedes Kind könne malen wie Miró, und Prosecco schmecke besser als Veuve-Cliquot. Versuchen Sie erst gar nicht, sie eines Besseren zu belehren. Nicken Sie lächelnd, und wechseln Sie das Thema.

Auf Unwissenheit plädieren. Am schnellsten beenden Sie eine unerwünschte Diskussion, wenn Sie zugeben, daß Sie sich mit dem Thema noch nicht eingehend befaßt haben: »Ich weiß zu wenig über dieses Thema, um mir darüber ein Urteil zu erlauben.«

Die flotten Busenfreunde

Gemütliches Beisammensein nach der Jazz-Gymnastik. Alexa erzählt einer Gruppe von Frauen begeistert von dem süßen Ponyhof in Mecklenburg, in dem ihre Tochter Julia nun schon zum dritten Mal einen Teil der Pfingstferien verbringen wird. Eine der Mitturnerinnen, Lea, die das Gespräch vom Nebentisch aus mitbekommen hat, mischt sich ein: »Das wäre was für meinen Benni. Wie, sagst du, heißt der Ponyhof? Vielleicht könnten die Kinder gemeinsam dort hinfahren.« Alexa ist entsetzt. Julia konnte den aggressiven Benjamin schon im Kindergarten nicht ausstehen. »Ponyfarm Ahrenshoop«, stammelt sie. »Aber ich weiß nicht ...« – »Ich rede gleich heute abend mit Benni«, erklärt Lea. »Der wird begeistert sein.«

Sie schaffen es immer wieder, uns in Verlegenheit zu bringen: jene distanzlosen Zeitgenossen, die sich uns ungeniert als Urlaubsbegleiter aufdrängen. Uns gleich beim ersten Treffen das »Du« anbieten. Wissen wollen, was der ledergebundene Terminkalender gekostet hat. Uns auffordern, doch von der leckeren Sahnesauce auf ihren Tagliatelle zu probieren – ganz so, als gehörten sie zu unserem engsten Freundeskreis.

Gegenstrategien

Unerwünschte Fragen unbeantwortet lassen. Wenn jemand Sie nach der Höhe Ihrer Gehaltserhöhung, Ihrem Alter oder dem Grund für die Trennung von Ihrem Freund fragt und Sie sich dazu nicht äußern möchten, stellen Sie sachlich fest: »Das ist eine interessante Frage.« Führen Sie dann das Gespräch wieder auf unverbindliches Terrain zurück: »Ich finde, die neue Buchhandlung ist wirklich ein Gewinn für das Viertel. Kommen Sie auch öfter hierher?«

Ablehnung vernebeln. In der Radiosendung »Tagesgespräch« überrumpelte ein Anrufer die Geigerin Anne-Sophie Mutter mit der Einladung: »Ich möchte mich bei Ihnen für Ihre wunderbare Musik bedanken und Sie gerne einmal zum Essen einladen.« Frau Mutter lehnte die unpassende Einladung geschickt ab: »Also, in diesem Jahr klappt das nicht mehr. Ich bin mit Beethoven beschäftigt.« Julias Mutter hätte ähnlich reagieren können: »Also, ich glaube nicht, daß das eine gute Idee ist. Julia hat auf dem Ponyhof nur

Augen für ihren Apfelschimmel.« Oder, mit ironisch-thea-
tralischer Miene: »Das ist Julias großes Geheimnis.« Übrigens: Die Begründung, mit der Sie Ihre Ablehnung abpuf-
fern, darf ruhig ein bißchen bizarr sein. Es schadet nichts,
wenn in Ihrer Antwort mitschwingt, daß Sie das Ansinnen
aufdringlich finden. Gleichzeitig sollten Sie der Zurückweisung aber durch ein Lächeln und eine freundliche Stimme
die Spitze nehmen.

Den Frager abblitzen lassen. Es gibt Fragen, die so neugie-
rig-taktlos sind, daß Sie ihre Beantwortung rundheraus ablehnen können. Fragen über betriebliche Interna gehören
dazu ebenso wie die Frage nach der Familienplanung. So
reagieren Sie richtig:

- »Man hört, daß es bei Ihnen im Vorstand Querelen gibt.
  Ist da was dran?« – »Sie werden verstehen, daß ich dazu
  nichts sagen kann.« Oder einfach: »Darüber möchte ich
  nicht sprechen.«
- »Habt ihr immer noch kein Baby?« – »Nein.«
- »Vier Kinder – ist das nicht ein bißchen viel?« – »Im Gegenteil.«

11

Small talk und (Big) Business:
Netzwerke knüpfen

> Der Maggiore ging zur Tür, öffnete sie und sagte zu
> jemandem im Flur: »Pino, bring uns zwei Tassen Kaffee
> und eine Flasche Mineralwasser.«
> Er kam zurück und nahm seinen Platz hinter dem
> Schreibtisch wieder ein. »Tut mir leid, daß wir keinen
> Wagen direkt nach Venedig schicken konnten, aber
> es ist schwierig, heutzutage eine Genehmigung für Fahr-
> ten außerhalb der Provinzgrenzen zu bekommen. Ich
> hoffe, Sie hatten eine angenehme Fahrt.«
> Wie Brunetti aus langer Erfahrung wußte, war es not-
> wendig, solchen Dingen eine angemessene Zeit zu
> widmen und ein bißchen zu sondieren und herumzusto-
> chern, um sein Gegenüber richtig einschätzen zu kön-
> nen, und das ging nur über den Austausch freundlicher
> Nichtigkeiten und höflicher Fragen.
>
> DONNA LEON, *Endstation Venedig*

Kommunikationsschwächen, sei es nun Schüchternheit, Reserviertheit oder Angeberei, sind dem beruflichen Fortkom-
men nicht eben förderlich. Wer sich scheut oder unfähig ist,
seine Ideen zu verkaufen, bremst sich selbst aus. Und wer
immer nur mit seinen Erfolgen, seinem Durchblick, seinen
Konzepten prahlt, stößt im Team auf wenig Gegenliebe.

Dazu kommt: Beim Plaudern übers Wochenende in der
Teeküche, den Blödeleien beim Betriebsfest, den Privat-
gesprächen in der Kantine oder dem Small talk vor dem
Meeting zeigt sich, wer mit wem kann, wo die Chemie
stimmt, welche Kollegen auf einer Wellenlänge liegen. Wer

an der sozialen Fellpflege nicht teilnimmt – aus welchen Gründen auch immer –, stellt sich ins Abseits. Damit verschlechtert sich die Chance, mit fachlichen Vorschlägen oder kreativen Ideen Gehör zu finden. Wer dagegen auch im Beruf Teil eines funktionierenden Netzes ist, fühlt sich sicher aufgehoben.

Alles zu seiner Zeit

Im Geschäftsleben hat Small talk eine Rahmenfunktion: Er ist am Anfang und am Ende von Besprechungen und Telefonaten angesagt, bei der Begrüßung von Geschäftsfreunden und Bewerbern, beim Stehempfang, bei Betriebsfesten, beim Geschäftsessen und bei der Begegnung im Lift oder auf dem Flur. In allen diesen Situationen hat er die Aufgabe, persönliche Verbindungen zu schaffen und zu festigen: »Haben Sie gut hergefunden?« »Sind Sie mit dem ICE gekommen?« »Wie war der Urlaub?« »Ist bei Ihnen im Norden das Wetter auch so schön?«

Dabei ist es nicht immer ganz einfach, den richtigen Moment für den Themenwechsel zu finden: Wenn die Zeit drängt, wirkt das Geplauder über das Leben jenseits des Jobs schnell störend und oberflächlich. Andererseits machen sich auch Mitarbeiter, die immer und bei jeder Gelegenheit nur über Geschäftliches sprechen, keine Freunde: Eingleisigkeit, Übereifer und offener Karrierismus sind in den meisten Unternehmen out.

Im folgenden finden Sie ein paar Anhaltspunkte, wann es an der Zeit ist, zum geschäftlichen Teil überzugehen, und wann der beziehungsfördernde Small talk im Vordergrund stehen sollte.

Kundenbesprechungen. Kürzlich hat unsere Bankberaterin meinen Mann und mich zu einem Informationsgespräch mit einem externen Finanzmanager eingeladen. Für das Gespräch war etwa eine Stunde veranschlagt – nicht allzu viel Zeit also, um einen Kunden von einer ihm bisher unbekannten und zudem noch recht teuren Finanzdienstleistung zu überzeugen. Trotzdem nahm sich der Berater an die zehn Minuten Zeit für den beziehungsfördernden Small talk: über die Stadt, in der wir wohnen; seinen und unseren beruflichen Werdegang; die Probleme seiner norddeutschen Frau, sich in Bayern einzuleben. Als wir dann zum eigentlichen Thema des Meetings kamen, war unsere anfängliche Skepsis Sympathie gewichen. Der Small talk hatte bewirkt, was die besten Argumente zunächst nicht vermocht hätten: Weil die Gefühlsebene stimmte, waren wir offen und aufgeschlossen, unsere Finanzplanung einmal genauer unter die Lupe zu nehmen.

Betriebsfest, Weihnachtsfeier, Einstand. Sinn und Zweck solcher Feste ist es, das Wir-Gefühl zu stärken und auch mal in einem lockeren Rahmen zusammenzusitzen. Alle reden durcheinander, es herrscht ein ständiges Kommen und Gehen, fast immer gibt es Alkohol. Am besten plaudern Sie unverbindlich über den letzten Urlaub, die Fahrradtour am Wochenende, das Bürgerfest in der Altstadt oder einen Film, den Sie vor kurzem gesehen haben. Und: Nutzen Sie die Gelegenheit, die Runde zu machen und sich auch einmal mit Kollegen aus anderen Abteilungen oder Standorten zu unterhalten, mit denen Sie normalerweise nur per Telefon und E-Mail kommunizieren. Ihre gemeinsame Arbeit wird davon profitieren.

Geschäftsessen. Ein Mittagessen mit Geschäftspartnern oder Kunden beginnt mit Small talk und freundlichem Geplauder. Nachdem alle bestellt haben, gibt der Gastgeber das Signal für den Beginn des geschäftlichen Teils: »Nachdem wir jetzt alle die Handlung des neuen Grisham kennen, sollten wir noch einmal die zukünftige Gestaltung unserer Zusammenarbeit durchsprechen.«

Bei einem abendlichen Geschäftsessen, das meistens wesentlich länger dauert als ein Mittagessen, bleibt mehr Zeit für außerdienstliche Gespräche. Die meisten Teilnehmer brauchen nach einem langen Tag ohnehin erst einmal ein bißchen Zeit zur Entspannung. Einfühlsame Gastgeber oder Chefs warten deshalb mindestens eine halbe Stunde, manchmal sogar bis nach dem Kaffee, ehe sie zum geschäftlichen Teil überleiten.

Private Kontakte. Sie werden gebeten, einem ausländischen Geschäftspartner und dessen Frau die Stadt zu zeigen. Sie treffen den Kollegen Hintze aus dem Bereich Forschung und Entwicklung nebst Familie auf dem Weg zur Freilichtbühne. Oder Sie laden eine Kollegin und Ihren Partner zu sich nach Hause zum Abendessen ein. Egal, ob zufällig oder geplant – bei Begegnungen außerhalb der Bürostunden sollten Sie geschäftliche Themen auf ein Minimum beschränken. Nutzen Sie lieber die Gelegenheit, die Beziehungsebene zu pflegen. Das erfordert schon die Rücksicht auf die begleitenden Partner. Vor allem aber: Sie lernen bei solchen Gelegenheiten, Vorgesetzte, Kollegen und Geschäftspartner mit neuen Augen zu sehen. Es belebt die berufliche Beziehung, wenn sich der toughe Verhandlungspartner im Einkauf als Dritter der deutschen Meisterschaft der Rock'n' Roll-Amateure entpuppt. Oder wenn wir erfahren, daß die Kollegin aus der Herstellung, die wir immer für ein bißchen spießig gehalten haben, nach Feierabend auf ihrer BMW dem Sonnenuntergang entgegendüst.

Mit Networking zum Erfolg

Querverbindungen sind heute wichtig wie nie. Wenn mehrere gleich qualifizierte Kandidaten vor der Tür stehen, entscheidet die soziale Kompetenz, wer das Rennen macht. Und in der heißen Endphase eines Projekts hat oft der die besten Karten, der Probleme mit einem Telefonat klären kann: einen Ersatz für die plötzlich krank gewordene Grafikerin weiß; einen Studienfreund auftreibt, der bei einem Computervirus weiterhilft; die Sekretärin des Chefs becirct, damit eine Bedarfsmeldung noch heute unterschrieben wird, oder die Kantinenwirtin überredet, fünf Mittagessen für das Team zurückzuhalten.

Beziehungen, aus denen man in Krisensituationen schöpfen kann, entstehen nicht über Nacht. Was wir so gerne als »Vitamin B« diffamieren, ist das Produkt vielfältiger Investitionen. Dazu gehören: die Frage nach den Rückenschmerzen, der Anruf zum Geburtstag, der Tip mit dem Split-It-Programm, das Kompliment über den mutigen Widerspruch in der Arbeitsbesprechung, die Mitgliedschaft bei den Wirtschaftsjunioren, das Angebot, den wichtigen Brief rasch bei der Poststelle vorbeizubringen, der Kräutertee für die Kollegin im Streß und vieles mehr.

Wer laufend in sein Beziehungskonto einzahlt und andere in ihren Bemühungen großzügig unterstützt, weiß im Bedarfsfall, wo er Infos, Unterstützung, Kontaktadressen und auch mal Rückendeckung bekommen kann. Bauen Sie deshalb Ihr »Know-who« genauso selbstverständlich aus wie Ihr »Know-how«.

Männer reden anders – Frauen auch

Spätestens seit den Erfolgsbüchern der Sprachforscherin Deborah Tannen ist es offiziell: Frauen und Männer haben unterschiedliche Sprechweisen. Auch im Beruf. Während es den meisten Männern vor allem darauf ankommt, sich durchzusetzen, ihre Position zu sichern und Überlegenheit zu demonstrieren, fühlen Frauen sich im Job nur richtig wohl, wenn auch das soziale Klima stimmt.

BESCHEIDENHEIT IST EINE ZIER ...

Für den guten Draht zu den anderen tun Frauen viel:

Erfolge kleinreden. Isabella, eine junge Wissenschaftlerin am Lehrstuhl für Angewandte Physik, hat soeben ihr erstes Buch veröffentlicht. Die Anerkennung der Kollegen dafür weist sie zurück: »Ach was, halb so wild. Ich hatte einfach Glück, daß der Verlag auch mal eine Frau als Autorin wollte.« Der Grund für die Bescheidenheitsfloskel: Isabella möchte unter den ehrgeizigen Doktoranden und wissenschaftlichen Mitarbeitern keine Sonderrolle spielen. Die gute Beziehung zu den Kollegen ist ihr wichtiger als der persönliche Erfolg.

Mit Schwächen kokettieren. Barbara, 48, ist Konferenzdolmetscherin. Als sie mit einem Auftraggeber gemeinsam zum Tagungsort fährt, macht sie sich über sich selbst lustig: »Ich bekomme meine Buchführung einfach nicht geregelt. Mein Steuerberater versucht seit Jahren vergeblich, mir meine Zettelwirtschaft abzugewöhnen.« Wie viele Frauen neigt Barbara dazu, mit ihren Schwächen zu kokettieren, um die Situation zu entspannen. Ängste zuzugeben ist für sie ein Zeichen des Vertrauens, eine nette Geste, die oft mehr Ritual als Realität ist. Sie bedenkt nicht, daß solche Eingeständnisse auf (männliche) Auftraggeber inkompetent wirken können.

Rangunterschiede überspielen. Mit der Bemerkung: »Ich komme sowieso an der Teeküche vorbei« nimmt Miriam, 35, Senior Consultant bei einem internationalen Beratungsunternehmen, der Sekretärin das Tablett mit den ungespülten Tassen aus der Hand: ein sympathischer Zug, gewiß. Nur: Aus der Sicht der Firmenleitung ist sie mit ihrem AT-Gehalt für diese Art von Solidarität einfach zu hoch bezahlt.

Einblicke ins Privatleben gewähren. Louise hastet fünf Minuten nach neun in die Wochenbesprechung der Außendienstmitarbeiter: »Puh, das war vielleicht eine Hetzerei. Aber die Kindergärtnerin wollte unbedingt noch mit mir über meinen Beitrag zum Frühlingsfest sprechen.« Louise ist überzeugt davon, mit ihrer Entschuldigung bei den Kollegen Verständnis zu finden: Schließlich haben die meisten von ihnen selbst Kinder. Und sie will zeigen: Trotz Karriere bin ich auch mit Leib und Seele Mutter. Klüger wäre eine belanglose Ausrede gewesen: »Entschuldigt bitte, in der Berliner Allee ist die Ampel ausgefallen.« Details aus dem Privatleben stellen zwar Gemeinsamkeit und Vertrauen her, können aber auch leicht gegen Sie verwendet werden.

... DOCH WEITER KOMMT MAN OHNE IHR!

Viele Frauen pflegen auch im Job einen offenen Kommunikationsstil: Sie reden über ihre Gefühle, geben Schwächen unumwunden zu, spielen ihre Autorität lieber herunter als hoch und federn Kritik diplomatisch durch ein einleitendes Lob ab. Die Industrie hat die Vorzüge dieses Gesprächsstils mittlerweile erkannt: Nach einer Studie der Personalberatung Weider, Rohde & Partner gehen Frauen in Führungspositionen mit Kollegen und Mitarbeitern ehrlicher und offener um. Sie können besser motivieren und verstehen es, ausufernde Diskussionen wieder auf den Kernpunkt zurückzubringen. Und: Sie sind mutiger als Männer, wenn es darum geht, in Diskussionen eine vom Mainstream abweichende Meinung zu vertreten.

Gleichzeitig schaden Frauen in dem Bemühen, menschlich, sympathisch und rücksichtsvoll zu wirken, ihrem Image. Sie wollen nicht wahrhaben, daß es bei jedem Gespräch mit Kollegen und Vorgesetzten immer auch darum geht, sich zu profilieren. Deborah Tannen bringt es auf den Punkt: »Weibliche Kommunikationsstile scheinen äußerst effektiv zu sein, wenn es darum geht, daß Arbeit erledigt wird, aber sie sind sehr ineffektiv, wenn es um die Anerkennung geht.«

Viele Frauen müssen deshalb lernen, bei aller Einfühlsamkeit auch einmal an ihr Prestige zu denken. Frei nach der Devise: Kompetenz muß man nicht nur haben, man muß sie auch demonstrieren.

Privates außen vor lassen. Reden Sie mit Kollegen und Vorgesetzten offen und locker über die Bergwanderung am Wochenende, die Grippewelle, den neuen Woody-Allen-Film und die mühevolle Suche nach einem passenden Geschenk für Ihr Patenkind. Ernsthafte Erziehungs- und Gesundheitsprobleme oder die Unwilligkeit des Partners, im Haushalt zu helfen, behalten Sie besser für sich.

Anerkennung akzeptieren: Lob und Anerkennung sollten Sie mit Antworten wie »Danke, das ist sehr nett«, »Ich freue mich, daß Sie das sagen«, »Danke, ich habe auch viel dafür getan«, kommentieren. Sagen Sie nicht: »Ohne die Kollegen hätte ich das nicht geschafft«, wenn Sie allein für das Exposé verantwortlich zeichnen.

Beziehungsgespräche versachlichen. Verkneifen Sie es sich, in die Klagen der Kolleginnen über die Ungerechtigkeit des Chefs oder die Launen der Kunden einzustimmen. Problemgespräche schaffen zwar Übereinstimmung, bringen aber weder Sie noch Ihre Kolleginnen weiter. Besser ist es, das Gespräch auf die Sachebene zurückzulenken und zu überlegen, wie sich das Problem lösen läßt.

Rangunterschiede akzeptieren. Natürlich ist es freundlich, die Praktikantin mit den Kollegen bekannt zu machen, ihr die Kantine zu zeigen und ihr auch mal ein Projekt zu übertragen, das sie eigenständig bearbeiten kann. Genauso selbstverständlich aber gehört es zu den Aufgaben der Praktikantin, Sie zu entlasten. Dafür brauchen Sie sich nicht zu entschuldigen. Sagen Sie einfach: »Pia, würden Sie diese Kopien bitte bis heute nachmittag erledigen?« Und nicht: »Normalerweise kopiere ich meine Sachen ja selbst. Könnten Sie trotzdem ausnahmsweise ...?«

Service ist mehr als ein Wort

Eigentlich gehe ich gern zum Zahnarzt. Nicht nur, weil er schon lange nicht mehr gebohrt hat. Sondern auch, weil mein alljährlicher Zahnarztbesuch tatsächlich den Charakter eines Besuches hat: Das beginnt schon mit dem freundlichen Empfang an der Rezeption und den angenehm kurzen Wartezeiten. Vor allem aber: Vor oder nach der Behandlung bleibt fast immer Zeit für ein kleines Gespräch – über das neue Café gleich neben der Praxis, seinen 20 Jahre alten Ferrari, meine skeptische Einstellung zur Esoterik, den Bildband mit russischen Ikonen, den er in der Mittagspause erstanden hat.

Mit den meisten Dienstleistern, denen ich schon seit Jahren treu bin, geht es mir ähnlich: meiner Friseurin, mit der ich mich über das Älterwerden im allgemeinen und die ungeliebten ersten Falten im besonderen unterhalte; der Inhaberin meines Lieblingsmöbelgeschäftes, die mich nach meinem neuesten Buch fragt, obwohl unser Haus inzwischen fertig eingerichtet ist und ich meistens nur noch Kleinigkeiten kaufe; dem Verkäufer im Plattenladen, der nicht nur meinen Namen kennt, sondern auch meinen Musikgeschmack.

Bewußt oder unbewußt handeln sie alle nach der Devise: Einen alten Kunden zu halten, kostet nur zehn Prozent der Energie, die es braucht, einen neuen zu gewinnen. Eine persönliche Betreuung, eine angenehme Atmosphäre sind bei diesem Kalkül ein nicht zu unterschätzender Faktor. Denn mal ehrlich: Wenn wir uns als Kunde zwischen zwei gleich qualifizierten Dienstleistern entscheiden können, gehen wir doch alle lieber in ein Geschäft, wo man uns und unsere Vorlieben kennt. Natürlich betrauen wir mit dem Streichen der Fenster lieber den Malerbetrieb, dessen Mitarbeiter bei der letzten Renovierung unseren Vierjährigen mit Schleifpapier und einem Stück Holz einen Vormittag lang zu beschäftigen wußte. Und selbstredend geben wir dem Anbieter den Vorzug, der es versteht, persönlich zu beraten und einen individuellen Kontakt herzustellen:

... der Verkäuferin, die beobachtet: »Das dunkle Braun harmoniert gut mit Ihrer Haarfarbe« statt zu belehren: »Das trägt man jetzt so.«

... dem Italiener am Stadtmarkt, der uns informiert: »Wir haben gerade frischen Pecorino hereinbekommen. Möchten Sie ein Stück probieren?« statt zu drängeln »Darf's ein bißchen mehr sein?«

... dem Hausarzt, der besorgt nachfragt: »Was macht die Wunde? Ist die Schwellung abgeklungen?« statt routinemäßig abzuspulen: »Wie geht's uns denn heute?«

... die Buchhändlerin, die uns das abgegriffene Taschenbuch kurzerhand 30 Prozent billiger gibt und dazu sagt: »Freuen Sie sich darauf; der Roman ist toll« statt uns hinzuhalten: »Da müßte ich Ihnen ein anderes Exemplar bestellen.«

Bis hierher und nicht weiter

Ehrlichkeit, Offenheit und Aufgeschlossenheit der Mitarbeiter untereinander stehen in vielen Firmen hoch im Kurs. Wo Hierarchien kippen und Teams die neue Zauberformel sind, fallen oft auch die Grenzen zwischen Berufs- und Privatleben.

Der Fluch der neuen Offenheit. Gerade in kleineren Unternehmen in der Aufbauphase kennt jeder jeden und weiß Bescheid über das zahnende Baby, die berufliche Krise des Partners, die Probleme mit dem Hausbau, den angeschlagenen Meniskus und das zeitraubende Reit-Hobby. Das fördert zwar das Gemeinschaftsgefühl, kann aber bei Problemen und Auseinandersetzungen als Schwäche gegen Sie verwendet werden. Gehen Sie auf solche Attacken nicht ein, sondern bringen Sie das Gespräch möglichst rasch auf die Sachebene zurück.

Angenommen, Ihre Chefin spielt in einem Gehaltsgespräch auf Ihren teuren Jeep an: »Na, wenn ich mir deinen neuen Wagen ansehe, scheinen wir dich doch so schlecht nicht zu bezahlen.« Machen Sie jetzt nicht den Fehler zu protestieren: »Du weißt doch, daß ich mir den nur leisten konnte, weil ich ihn als Vorführwagen günstig bekommen habe.« Sondern lenken Sie das Gespräch ohne Umstände auf Ihre berufliche Leistung zurück: »Ich denke, das ist jetzt nicht das Thema. Das Entscheidende scheint mir zu sein, daß ich im letzten halben Jahr meinen Umsatz um fast zehn Prozent steigern konnte.«

Genug ist genug. Um Ihr Seelen- und Familienleben für sich zu behalten, müssen Sie nicht verschlossen wie eine Auster sein. Es gibt Tausende von interessanten, unterhaltsamen Themen jenseits des Jobs, über die Sie reden können, ohne die Kollegen deshalb zu Mitwissern Ihrer Eheprobleme, Lebensängste, Kindheitstraumata und finanziellen Engpässe zu machen.

Schwieriger wird es, wenn ein Kollege oder eine Kollegin den beruflichen Kontakt zu Ihnen mehr ausweiten möchte, als Ihnen lieb ist. Wenn er Ihnen zum Beispiel seine Mithilfe beim Umzug anbietet, erfordert es Fingerspitzengefühl, sich abzugrenzen, ohne sich auszugrenzen: eine gute Ausrede (»Danke, aber meine Brüder managen den Umzug für mich«) oder die Flucht nach vorn (»Danke, das ist sehr freundlich. Aber ich möchte private und geschäftliche Dinge lieber getrennt halten. Lassen Sie uns doch nächste Woche einen Capuccino zusammen trinken. Dann können wir auch gleich unsere Vorgehensweise im Fall Erdmann aufeinander abstimmen.«)

Das leidige Du. »Hallo, ich bin die Katrin. Wir duzen uns hier alle.« Wer so am ersten Arbeitstag begrüßt wird, hat kaum die Wahl: Wo sich alle duzen, würden Sie sich ins Aus manövrieren, wenn Sie auf dem Sie bestehen. Anders ist es, wenn das »Du« in Ihrer Firma eher die Ausnahme als die Regel darstellt. Dann können Sie signalisieren, daß Sie das »Sie« dem »Du« vorziehen: »Danke, ich finde unsere Zusammenarbeit auch so sehr angenehm.« Oder: »Ich fühle mich wohler, wenn wir beim ›Sie‹ bleiben.«

Klatsch und Tratsch

Viele Menschen verbringen mit den Kollegen am Arbeitsplatz mehr Zeit als mit der eigenen Familie. Unweigerlich kommt man sich nahe und bekommt einiges mit. So bleibt es nicht aus, daß man gemeinsam über die unmögliche Frisur der Chefin lästert, die Gerüchte über eine Umorganisation des Vertriebs und das unverschämte Preisangebot des externen Beratungsunternehmens durchhechelt und den einen oder anderen Giftpfeil gegen einen unliebsamen Konkurrenten absendet. Auf den ersten Blick sind solche harmlosen Tratschereien dem Beziehungsklima unter Kollegen durchaus zuträglich. Sie helfen, mit dem alltäglichen Frust fertigzuwerden, sind eine nicht zu unterschätzende Quelle der Information und vermitteln ein Gefühl der Zugehörigkeit: Alle Anwesenden sind sich einig über einen abwesenden Dritten.

Doch im nachhinein wird uns oft klar, wieviel Porzellan wir mit unseren unüberlegten Äußerungen zerschlagen haben.

Erstens: Die abschätzige Bemerkung, die uns da über Frau Hahn und ihre Arbeitsweise entschlüpft ist, will so gar nicht zu dem souverän-kontrollierten Image passen, das wir uns für uns wünschen. Es zeugt nicht eben von Überlegenheit, sich selbst erhöhen zu müssen, indem man andere erniedrigt.

Zweitens: Wer sagt uns, daß unser Giftpfeil dem Betroffenen nicht spätestens übermorgen »ganz im Vertrauen« zugetragen wird? Oder daß wir nicht selbst zum Opfer der gleichen Lästermäuler werden, mit denen wir soeben noch das Neueste vom Tage durchgehechelt haben? Der Arbeitspsychologe Hagen Seibt rät deshalb seinen Klienten, sich vorher gut zu überlegen, wem sie was erzählen: »In dem Moment, in dem ich etwas weitererzählt habe, kann ich nicht mehr kontrollieren, was damit passiert.«

Drittens, und jetzt wird es wirklich kritisch: Getratsche in der Firma kann leicht ein Schuß nach hinten sein. Wenn die Lohnbuchhalterin in der Cafeteria durchblicken läßt, daß gegen den großspurigen Ralf P. Brandt aus dem Marketing ein Pfändungsbeschluß vorliegt, verstößt sie damit gegen ihre Verschwiegenheitspflicht. Im schlimmsten Fall kann sie die Indiskretion um ihren Job bringen. Dabei spielt es übrigens keine Rolle, ob ihr diese vertrauliche Information unbedacht herausgerutscht ist oder ob sie dem Kollegen eins auswischen wollte.

Der Partner kommt mit

Ganz gleich, ob sie ihn zu einem Vortrag mit anschließendem Empfang oder er sie zum Abendessen mit Geschäftskunden begleitet – der gemeinsame Auftritt in beruflicher Mission hat seine Tücken. Das geht nicht nur Ihnen und mir so: Wenn man der Sensations- und sonstigen Presse glauben darf, haben auch Hillary Clinton, Cherie Blair und Doris Schröder-Köpf Probleme, als Frau an seiner Seite jederzeit allen Erwartungen zu entsprechen. Und weder Prinz Philip noch Hans Süßmuth oder Udo Simonis dürfte es immer ganz leichtfallen, im Windschatten ihrer prominenten Frauen zu segeln.

Eines immerhin können wir aus den Erfahrungen und Fehltritten der Prominenz lernen: Begleitende Partner brauchen eine gute Portion Fingerspitzengefühl und Zurückhaltung und müssen das eigene Ego hintanstellen. Gleichzeitig benötigen sie aber auch Unabhängigkeit und ein ganz eigenes Profil. Wobei sich oft schwer sagen läßt, zu welchen Gelegenheiten die plätzchenbackende Ehefrau angesagt ist, die ihm den Rücken und die Hemden stärkt, und wann die selbständige Persönlichkeit mit eigenem Kopf und Bankkonto.

Aber auch, wenn jede Situation anders ist: Ein paar Strategien gibt es doch, wie man sich und dem Partner den beruflichen Auftritt erleichtern kann.

Informieren Sie sich. Vielleicht sind Sie über die Kollegen, Kunden, anstehenden Projekte und beruflichen Pläne Ihres Mannes ohnehin bestens informiert. Falls nicht: Machen Sie sich schlau. Haken Sie nach. Machen Sie Ihrem Partner klar: Um ihn zu unterstützen, müssen Sie mitreden, Anspielungen verstehen und Situationen richtig einschätzen können.

Passen Sie sich dem Umfeld an. Stimmen Sie Outfit und Auftreten auf das berufliche Umfeld Ihres Partners ab. Die Moderedakteurin, die zum Lehrerausflug an der Schule ihres Mannes in puristischem Schwarz erscheint, bestätigt unnötig alle Vorurteile gegen die oberflächlichen Selbstdarsteller aus der Modebranche. Wählen Sie lieber Jeans und eine regenfeste Jacke. (Daß die Jeans von Armani und der Anorak von Thommy Hilfiger sind, braucht ja niemand zu wissen.)

Vergessen Sie Animositäten. Es ist nicht Ihre Aufgabe, für Ihren Partner oder Ihre Partnerin Rangkämpfe auszufechten oder um Verständnis zu werben. Auch wenn Sie wissen, wie sehr Ihrer Frau das eiserne Regiment der Oberschwester gegen den Strich geht: Begegnen Sie der gestrengen Dame unvoreingenommen, freundlich und zuvorkommend. Erstens passiert es schon mal, daß unangenehme berufliche Vorfälle zu Hause am Abendbrottisch über Gebühr aufgebauscht werden. Und zweitens tun Sie Ihrer Partnerin den besten Gefallen, wenn Sie die Sympathie der Menschen gewinnen, mit denen sie beruflich zu tun hat. Das Wohlwollen, mit dem man Sie betrachtet, wird auf Ihre Frau zurückfallen.

Klammern Sie nicht. Als begleitender Ehegatte sind Sie nicht zu Ihrem Vergnügen, sondern zu Repräsentationszwecken da. Dieser Aufgabe stellen Sie sich am besten, indem Sie sich Ihr eigenes Betätigungsfeld suchen: Bemühen Sie sich um die Eingeladenen am unteren Tischende, während Ihr Partner die Gäste am oberen Ende unterhält. Suchen Sie von sich aus das Gespräch mit Kollegen Ihrer Frau, die Sie von früheren Veranstaltungen kennen. Kümmern Sie sich um Gäste, Kollegen oder Mitarbeiter Ihres Mannes, die sich vernachlässigt fühlen könnten: Er allein kann nicht gleichzeitig allen gerecht werden. Ganz wichtig: Ansprüche an die ungeteilte Aufmerksamkeit und Zuwendung des Partners oder der Partnerin sind bei beruflichen Anlässen fehl am Platz. Er oder sie hat bei solchen Gelegenheiten andere Verpflichtungen.

Gemeinsam sind Sie stärker. Wahrscheinlich ist es bei Ihnen nicht anders als bei uns: Der Partner, durch dessen Beruf der gemeinsame Auftritt bedingt ist, spielt die Hauptrolle; dem anderen fällt die Nebenrolle zu. Wobei die Nebenrolle eine Menge Möglichkeiten bietet, den Hauptakteur respektive die Hauptakteurin zu unterstützen. Sie können

... ihn unauffällig auf einen neu angekommenen Gast aufmerksam machen;

... ihrem Chef beiläufig vermitteln, wie sie sich für die Firma engagiert;

... sich eines Kollegen annehmen, mit dem er nicht so gut zurechtkommt;

... in die Bresche springen, wenn sie einmal nicht ganz bei der Sache war;

... ihm ein Stichwort liefern, so daß er mit einer geistvoll erzählten Anekdote glänzen kann;

... sie aus einem Gespräch mit einem besonders unsympathischen Mandanten loseisen.

12

Häppchen, Sekt und fremde Leute: unverbindlich Verbindungen schaffen

> Er blickte von neuem dem gesellschaftlichen Tod ins Auge. Er war ein Mensch, der an einer Dinnertafel völlig allein saß. Der Bienenschwarm summte überall um ihn herum. Auf allen anderen ruhte der gesellschaftliche Segen. Nur er war gestrandet. Nur er war ein Mauerblümchen ohne Gesprächspartner, eine Gesellschaftsleuchte ohne Wattleistung.
>
> TOM WOLFE, *Fegefeuer der Eitelkeiten*

Ein Kollege meines Mannes feierte seinen 40. Geburtstag. Abendessen im Hotel, vorher Sektempfang. Alle Mitarbeiter der Abteilung waren da. Und die Familie. Der 17jährige Sohn hatte einen Freund eingeladen. Als der beim Sektempfang erschien, begrüßte er die Eltern seines Freundes, gratulierte – und ging weiter. Er stellte sich den Eltern des Gastgebers vor und verwickelte die beiden in ein Gespräch. Einige Minuten später sah ich ihn in angeregter Unterhaltung mit dem Onkel seines Freundes.

Wie auch Sie es schaffen, auf Empfängen und anderen Einladungen souverän zu agieren und nicht als Mauerblümchen oder einsamer Wolf zu enden, zeigt Ihnen dieses Kapitel.

Hilfe, ich kenne niemanden

Ihre Arbeitskollegin lädt Sie zu ihrer Wohnungseinweihungsfeier ein. Eigentlich eine nette Geste. Doch Ihnen ist sofort klar: Auf der Feier werden Sie außer der Gastgeberin keinen Menschen kennen – und an deren Rockzipfel können Sie schließlich nicht den ganzen Abend hängen. Am liebsten würden Sie sich mit einer halbwegs annehmbaren Ausrede aus der Affäre ziehen. Ein Trost vorweg: So geht es vielen.

Die Aufgabe, sich locker plaudernd unter Fremde zu mischen, macht die meisten nervös. Schon im Vorfeld malt man sich das beschämende Szenario aus: Was, wenn man den ganzen Abend allein herumsteht? Das fällt doch jedem auf! Wie soll man nur die Zeit herumbringen, bis man endlich mit gutem Gewissen das Weite suchen kann? Hoffentlich gibt's ein anständiges Buffet. Da kann man zumindest so tun, als wäre man beschäftigt. Lieber als Vielfraß in Erinnerung bleiben denn als Mauerblümchen!

Das Drehbuch kommt Ihnen bekannt vor? Dann haben Sie zwei Möglichkeiten: Entweder, Sie sagen Einladungen, die Ihnen soviel Unbehagen bereiten, grundsätzlich ab. In diesem Fall sollten Sie bereit sein, mehr oder weniger als Einsiedler zu leben, beruflich über das Mittelmaß nicht hinauszukommen und als Sonderling zu gelten. Oder Sie packen Ihr Problem beim Schopf, bereiten sich generalstabsmäßig auf das gefürchtete Ereignis vor und bestehen es besser als befürchtet. Diese Übung wiederholen Sie so oft, bis Ihre Ängste der Vergangenheit angehören.

Die richtige Strategie

… beginnt schon zu Hause. Das ist so ähnlich wie bei Prüfungen. Wer sich gut vorbereitet fühlt, stellt sich den Fragen des Prüfers mit größerer Ruhe und vermasselt seinen Auftritt seltener mit Blackouts. Eine gute Vorbereitung stärkt das Selbstbewußtsein – und wer das hat, braucht sich nicht verzweifelt an sein Sektglas zu klammern.

Fundgrube Zeitung. Um Gespräche anknüpfen oder in Gespräche einsteigen zu können, sollte man wissen, was so läuft: politisch, kulturell, im Sport. Lesen allein genügt allerdings oft nicht. Ich zum Beispiel überfliege zwar täglich die Zeitung, habe aber schon nach dem Frühstück das meiste wieder vergessen. Was dagegen hilft: Gleich mit dem Partner über die eine oder andere Nachricht reden. Interessante Artikel ausschneiden und für einige Tage an die Pinwand hängen. Beim Tischabräumen, Abspülen oder auf dem Weg zur Arbeit noch mal über das Gelesene nachdenken.

Kleider machen Leute. Wie wir mit unserem Spiegelbild zufrieden sind, entscheidet oft darüber, ob wir erhobenen Hauptes auftreten oder uns am liebsten verstecken wollen. Lassen wir also die Bluse im Schrank, von der wir uns immer noch fragen, ob sie nicht doch ein Fehlkauf war. Gehen wir lieber auf Nummer Sicher – auch was die Eleganz betrifft. Wer im falschen Outfit erscheint, fühlt sich doppelt unwohl. Das raffinierte Kostüm stürzt einen in größte Verlegenheit, wenn alle anderen in Jeans und Pulli erschienen sind. Und umgekehrt. Im Zweifelsfall erkundigt man sich beim Gastgeber.

Who is who? Das kann man auch im Vorfeld abklären: Wer sind die anderen Gäste? Wie heißen sie, in welcher Beziehung stehen sie zum Gastgeber, was sind ihre Berufe und Hobbys, wie ist ihr Familienstand? Das ist eine weitere Fundgrube für Gesprächsthemen – vorausgesetzt, Sie haben ein gutes Gedächtnis.

Das richtige Timing. Wer erst kommt, wenn die Grüppchen sich gebildet haben, macht es sich unnötig schwer. Einfacher ist es, unter den ersten Gästen zu sein. Es besteht eine gute Chance, daß Neuankömmlinge sich zu Ihnen gesellen – vor allem, wenn Sie lächeln und den Blickkontakt suchen.

Der richtige Standort. Wer sich ins hinterste Eckchen verkrümelt, sendet die falschen Signale. Plazieren Sie sich besser an einer Stelle, an der die neueintreffenden Gäste zwangsläufig vorbeikommen – zum Beispiel in der Nähe des Geschenketisches. Wer allein kommt und auch keinen kennt, ist froh, schnell einen möglichen Gesprächspartner ausfindig zu machen.

Stellen Sie sich vor. In einer größeren Gesellschaft wird der Gastgeber nicht alle Gäste einander vorstellen können. Sie sollten also eine kurze Selbstvorstellung in petto haben. Geben Sie dabei Informationen, an die ein weiteres Gespräch anknüpfen könnte. Erklären Sie zum Beispiel, in welcher Verbindung Sie zum Gastgeber stehen: »Hallo, ich heiße Sarah Braun. Ich bin eine Arbeitskollegin von Martina.« Der andere wird jetzt normalerweise Gleiches mit Gleichem vergelten und kund tun, was er mit Martina zu tun hat. »Ich heiße Uwe Reich. Martina und ich waren Nachbarn – vor ihrem Umzug hierher.« Schon hat man zwei Gesprächsthemen: Ihren Job und sein Domizil.

Übung macht auch hier den Meister. Es schadet nicht, die Selbstvorstellung zu Hause am Bügelbrett oder im Auto auf dem Weg zur Einladung schon mal zu proben.

Machen Sie den ersten Schritt. Ob Sie es glauben oder nicht, die meisten Menschen scheuen sich genauso davor wie Sie, auf andere zuzugehen. Und freuen sich, wenn man sie anspricht und in ein Gespräch verwickelt. Dabei ist es ebenso überflüssig wie sinnlos, auf eine göttliche Eingebung zu warten – der Gesprächseinstieg muß weder besonders originell noch unendlich geschliffen formuliert sein. Am besten, man stürzt sich thematisch auf das, was um einen herum passiert: den Gastgeber, das Essen, die Band, den Anlaß des Festes. »Die Wohnung ist toll. Vor allem der Holzfußboden. Das hätte ich auch gern. Ich finde, da kommen Möbel viel besser zur Geltung.«

Viele Leute sagen lieber überhaupt nichts, bevor sie etwas »Oberflächliches« sagen. Das ist die falsche Strategie. Der gesellschaftlich erfolgreiche Gast wartet nicht auf eine brillante Idee. Er sagt irgend etwas.

Unterstützen Sie den Gastgeber. Ob Sie Teller herumreichen, Aschenbecher besorgen, Weinflaschen öffnen, Gesprächspausen füllen oder Mauerblümchen ins Gespräch ziehen – Sie werden dem Gastgeber wie den anderen Gästen in guter Erinnerung bleiben. Und Sie werden zu beschäftigt sein, um sich überflüssig zu fühlen oder Ihre sozialen Fähigkeiten anzuzweifeln.

Sich in Gespräche einfädeln

Keine Angst vor Grüppchen: Stellen Sie sich einfach dazu! Was kann Ihnen schon passieren? Schlimmstenfalls läßt man Sie nicht am Gespräch teilnehmen und ignoriert Sie hartnäckig. Doch bei derartig unhöflichen Zeitgenossen haben Sie ohnehin nichts verloren. Sie können Ihr Glück getrost woanders versuchen.

Nicht mit der Tür ins Haus. Wer neu zu einer Gruppe stößt, sollte sich erst einmal auf die Zuhörerrolle beschränken. Es ist nicht höflich, ein angeregtes Gespräch zu unterbrechen, um seinen Namen zu verkünden. Das läßt sich zu gegebener Zeit immer noch nachholen. Zeigen Sie statt dessen Ihr Interesse an dem Thema: durch Blickkontakt, durch ein interessiertes Lächeln, ein zustimmendes Nicken oder durch ermunternde Wörter wie »Wirklich?«, »Das ist ja interessant!«

Geschickt einsteigen. Wenn Sie sich einen Überblick über das laufende Gespräch verschafft haben, wagen Sie sich weiter vor. Sie können sich an den Hauptredner anhängen, indem Sie ihm beipflichten: »Das sehe ich genauso.« »Ihre Argumente sind wirklich überzeugend.« »Ja, und ...« So gewinnen Sie einen Verbündeten, der Sie mit großer Wahrscheinlichkeit ins Gespräch ziehen wird.

Oder Sie stellen eine Frage zu dem besprochenen Thema: »Ich habe vor, mir einen Scanner zu kaufen. Worauf sollte ich Ihrer Meinung nach besonders achten?« Die meisten Menschen lieben es, als Experten betrachtet zu werden und ihr Wissen weiterzugeben.

Wer Interessantes beisteuern kann, tut das – achtet aber darauf, nicht das Gespräch an sich zu reißen. Geben Sie den Ball zügig weiter.

Und tschüs!

Sie kennen die Situation: Der Gesprächspartner erweist sich als denkbar langweilig. Man hat Bekannte entdeckt, mit denen man sich auch noch gerne unterhalten möchte. Die attraktive Freundin der Gastgeberin steht gerade allein an der Bar, und der Moment scheint günstig, sie anzusprechen. Zeit für den eleganten Rückzug.

Ehrlich währt am längsten: »Da drüben sind Bekannte von mir. Ich möchte sie begrüßen. Sie nehmen es mir nicht übel, wenn ich mich verabschiede?«

Freundlich, aber bestimmt: »Ich mache dann mal weiter die Runde. Ich wünsche Ihnen noch einen schönen Abend.«

Verbindlich: »Es war schön, hier einen Tennisfan zu treffen. Es bleibt dabei: Wir machen demnächst zusammen ein Spiel. Ich rufe Sie an. Bis dann.«

Vernetzend: »Dort ist Jürgen. Du weißt schon, wir joggen zusammen. Komm mit, dann lernst du ihn mal kennen.«

Der endgültige Aufbruch. Will man das Fest ganz verlassen, gilt es einige Höflichkeitsregeln zu beachten.

- Feiern mit offiziellem Anstrich verläßt man nicht, bevor sich die Ehrengäste verabschiedet haben.
- Wer schon besonders früh aufbrechen will, sollte dies dem Gastgeber spätestens bei seiner Ankunft mitteilen – bedauernd und mit einer glaubhaften Entschuldigung.
- Vom Gastgeber verabschiedet man sich in jedem Fall. Verbunden mit Dank und Anerkennung – schließlich hat er oder sie Zeit, Geld und Mühe investiert: »Vielen Dank für den schönen Abend. Ich habe mich sehr wohl gefühlt.« »Es war sehr nett von Ihnen, mich einzuladen.« »Es war eine schöne Feier.«

Ob und wie man sich von den anderen Gästen verabschiedet, hängt hauptsächlich von deren Anzahl ab. War man zu acht an einem Tisch versammelt, kann man die Dinge noch überschauen und sich per Handschlag von jedem einzelnen verabschieden: »Es war schön, Sie kennenzulernen.« »Ich würde mich freuen, Sie bald wiederzusehen.« »Ich wünsche euch noch einen schönen Abend.« Bei größerer Gästezahl genügt es, von Gruppe zu Gruppe zu gehen und sich mit einem Zuwinken oder Zunicken zu verabschieden: »Tschüs zusammen.« »Schönen Abend noch.« Bei mehr als zwanzig Gästen wird das allerdings zum Marathon, den man sich guten Gewissens ersparen darf.

Dem ersten, der aufbricht, schließen sich oft andere Gäste an. Wer schon sehr früh ein Fest verläßt, sollte es daher möglichst unauffällig tun.

Vorsicht, Alkohol!

Ein Glas Sekt zur Begrüßung, zum Essen ein guter Wein, ein kühles Bier nach der Runde Squash – Alkohol ist fast immer im Spiel, wenn wir uns in einer geselligen Runde befinden.

Warum auch nicht: Alkohol schmeckt, entspannt und hebt die Stimmung. Nörgelt Großtante Klara mal wieder an allem und jedem herum, kann ein Glas Sherry für die alte Dame manchmal Wunder bewirken. Beim harmlosen Flirt mit dem gutaussehenden neuen Kollegen entfaltet man nach einem Viertel Wein auf einmal ungeahnten Charme. Auf der Hochzeit der Bekannten aus dem Spanischkurs fällt es nach einem Glas Prosecco leichter, sich unter die anderen Gäste zu mischen.

Die Kehrseite der Medaille: Vom Glühwein sanft eingelullt, erzählt die Exportsachbearbeiterin ihre Beziehungsprobleme ausgerechnet der Klatschtante aus dem Vorstandssekretariat. Der Verkaufsleiter bietet seinem Mitarbeiter während eines langen Abends an der Hotelbar das »Du« an. Am nächsten Morgen zerbricht er sich den Kopf, wie er die Sache halbwegs elegant wieder rückgängig machen kann. Beim Klassentreffen lebt bei Tequila und Baccardi die Erinnerung an die rauschende Abiturfeier auf. Und plötzlich geht der Flirt mit der ehemaligen Mitschülerin weiter, als es dem ruhigen Gewissen und dem ehelichen Frieden zuträglich ist. Im schlimmsten Fall – und der tritt viel zu oft ein – verursachen Menschen, die auf Geburtstagsfeiern, Betriebsfesten, Hochzeiten oder Empfängen zuviel getrunken haben, schwere Verkehrsunfälle.

Deshalb: Trinken Sie Alkohol nur in den Mengen, bei denen Ihr Kopf klar bleibt. Ein guter Gastgeber sorgt auch in dieser Hinsicht für seine Gäste: Er schenkt erst nach, wenn das Glas leer ist – so behält der Gast den Überblick über seinen Alkoholkonsum. Auf keinen Fall drängt er:

»Kommen Sie, ein Glas trinken Sie doch noch.« Für Gäste, die nicht mehr fahrtüchtig wirken, besorgt der Gastgeber ein Taxi. Natürlich kann diese – und andere – Gastgeberpflichten nur erfüllen, wer selber weitgehend bei Mineralwasser bleibt.

13

Vier Hochzeiten und ein Todesfall: private Beziehungen hegen und pflegen

Mit den Borckes, den Flemmings, den Grasenabbs, so freundlich die Familien, von Sidonie Grasenabb abgesehen, gesinnt waren – es wollte mit allen nicht so recht gehen, und es hätte mit Freude, Zerstreuung und auch nur leidlichem Sich-behaglich-Fühlen manchmal recht schlimm gestanden, wenn Gieshübler nicht gewesen wäre. Der sorgte für Effi wie eine kleine Vorsehung, und sie wußte es ihm auch Dank. Natürlich war er, neben allem anderen, auch ein eifriger und aufmerksamer Zeitungsleser, ganz zu geschweigen, daß er an der Spitze des Journalzirkels stand, und so verging denn fast kein Tag, wo nicht Mirambo ein großes weißes Kuvert gebracht hätte, mit allerhand Blättern und Zeitungen, in denen die betreffenden Stellen angestrichen waren, meist eine kleine, feine Bleistiftlinie, mitunter aber auch dick mit Blaustift und ein Ausrufungs- oder Fragezeichen daneben. Und dabei ließ er es nicht bewenden; er schickte auch Feigen und Datteln, Schokoladentafeln in Satineepapier und ein rotes Bändchen drum, und wenn etwas besonders Schönes in seinem Treibhaus blühte, so brachte er es selbst und hatte dann eine glückliche Plauderstunde mit der ihm so sympathischen jungen Frau, für die er alle schönen Liebesgefühle durch- und nebeneinander hatte, die des Vaters und Onkels, des Lehrers und Verehrers.

THEODOR FONTANE, *Effi Briest*

Sie haben es sich so schön vorgestellt: Ihren zehnten Hochzeitstag feiern Sie allein zu zweit in einem erlesenen Restaurant. Doch so wunderbar das Essen auch schmeckt,

schon nach der Vorspeise gehen Ihnen die Gesprächsthemen aus. Zum ersten Mal bringt Ihre Tochter ihren
Freund mit nach Hause. Natürlich würden Sie ihn gerne
näher kennenlernen. Aber der junge Mann ist nicht gerade gesprächig; jedes Wort muß man ihm aus der Nase
ziehen! Beim 50. Geburtstag Ihres Schwagers sollen Sie
neben dessen Tante Helma sitzen und dafür sorgen, daß
sich die alte Dame gut unterhält. Die Situationen zeigen: Die Kunst der Konversation bereichert und erleichtert auch das Privatleben. Wie Sie es anstellen, im Kreis
der Familie, von Freunden und Nachbarn Ihr Gesprächsta-
lent zu entfalten und wirkungsvoll einzusetzen, beschreibt
dieses Kapitel.

Sag doch was!

»Hallo!« – »Hm.« – »Erzähl mir doch was!« Wenn ich mit
meinem Mann im Auto sitze, träume ich gerne vor mich hin.
Schweigsam. Spätestens nach zehn Kilometern spulen wir
obigen Dialog ab. Aus der Traum: Mein Mann möchte unterhalten werden. Eigentlich hat er recht. Selten haben wir
so viel Zeit und Ruhe, uns zu unterhalten, wie auf einer gemeinsamen Autofahrt. Und mit jedem anderen Mitfahrer
würde ich mich selbstverständlich um ein halbwegs angeregtes Gespräch bemühen. Zu schweigen käme mir unhöf-
lich vor.

Es ist die Schattenseite ehelicher Vertrautheit, daß die
Selbstdisziplin nachläßt. Zerbeulte Jogginghosen ersetzen zu
Hause die einst schicken Klamotten. Rettungsringe markie-
ren die einstige Taille. Und Wortwitz und Redegewandtheit
verschwinden in der Versenkung, sobald die Arbeitszeit um
ist oder die Gäste aus dem Haus sind.

Klar, wer schon etliche Beziehungsjahre hinter sich hat,
weiß sich nicht mehr so viel zu erzählen wie ein frisch ver-
liebtes Paar. Die Erlebnisse der Vergangenheit sind irgend-

wann mehr oder weniger lückenlos ausgetauscht. Über Gott und die Welt hat man auch schon x-mal diskutiert. Trotzdem: Mit etwas Mühe kann die eheliche Kommunikation in Schwung bleiben.

Wie ist das denn am Anfang einer Beziehung? Da arbeitet sie sich durch die Romane seines Lieblingsautors, obwohl sie Grass schon in der Schule nichts abgewinnen konnte. Und er lauscht mit liebevollem Interesse ihren Kindheitserinnerungen. Mühelos gelingt, was später so schwierig wird: der Brückenschlag zwischen den unterschiedlichen Gesprächsinteressen von Mann und Frau. Die meisten Frauen sprechen am liebsten über Zwischenmenschliches. Dreht sich das Gespräch um die Partnerbeziehung, die Erziehungsdiskussion mit der Klassenlehrerin der Tochter oder den diplomatischen Umgang mit aufgeregten Klienten, sind sie voll bei der Sache. Die meisten Männer werden dagegen vor allem bei Sachthemen gesprächig: Sie diskutieren über Lieferprobleme der Autoindustrie, spekulieren über die Möglichkeiten der Gentechnik oder erörtern die Trends am Aktienmarkt. Das sind, sagen die Psychologen, Folgen der unterschiedlichen Sozialisation von Jungen und Mädchen. Sie braucht es also nicht als persönliche Kränkung aufzufassen, wenn er die Nachricht über die Schwangerschaft der Arbeitskollegin mit angeödetem Schweigen quittiert. Und er sollte sich nicht übermäßig ärgern, wenn sie für seine Betrachtungen zur Einführung des Euro nur ein Gähnen übrig hat. Männer und Frauen ziehen verschiedene Themen vor. Akzeptieren wir das. Und stellen wir uns darauf ein.

Zuhören. Signalisieren Sie Ihrem Partner Ihr Interesse – auch dann, wenn er von seiner neuesten Idee für eine technische Verbesserung seines PC oder sie vom neuen Lover ihrer Freundin erzählt. Blickkontakt, Nicken, eingeworfene Rückfragen zeigen, daß man bei der Sache ist. Auch wichtig: Versuchen Sie, das Gehörte zu behalten. Es ist ein Warnsignal, wenn Sie öfter zu hören bekommen: »Aber das habe ich dir doch schon erzählt!« Vielleicht sind Sie zu oft mit den Gedanken beim Job, den Kindern oder der Einkaufsliste, wenn Ihr Partner mit Ihnen spricht.

Sich informieren. Zuhören allein macht noch kein Gespräch. Um selbst etwas beisteuern zu können, bedarf es eines gewissen Sachwissens. Es erweitert das eheliche Kommunikationsspektrum, wenn sie montags einen Blick in den Sportteil der Zeitung wirft oder er gelegentlich in *Schöner Wohnen* blättert.

Gemeinsam etwas unternehmen. Ob man nun zusammen einen Film im Kino anschaut, eine Bergwanderung unternimmt oder ein Konzert besucht – für Gesprächsstoff ist hinterher allemal gesorgt. Oder ein Treffen mit Bekannten – das Schönste daran ist für viele Paare die anschließende Nachbesprechung. Bei einem Glas Wein tauscht man die gewonnenen Eindrücke aus: »Hattest du auch das Gefühl, daß Marie ziemlich gereizt reagierte, als Christoph von seinem Motorradtrip geschwärmt hat?« Eine Form des Klatschens, für die auch Männer relativ aufgeschlossen sind und die überaus verbindend wirkt.

Abwarten können. Man sieht's dem anderen ja meistens schon an der Nasenspitze an: Ein Wort zu viel, und der Ärger des Tages wird sich über dem eigenen Haupt entladen. Da hilft nur, auf bessere Zeiten zu warten. Die kommen in der Regel viel schneller, wenn man den anderen erst einmal verständnisvoll in Ruhe läßt. Oder ihm die Chance gibt, Dampf abzulassen. Bevor man ihm die neuerstandenen Terrakotta-Töpfe zeigt oder ihr die endlich gekaufte High-Tech-Bohrmaschine vorführt.

Lange nicht gesehen

Das Gesicht kenne ich doch. Ist das nicht der Typ, der im Studentenwohnheim ein Stockwerk tiefer gewohnt hat? Wie hieß er noch gleich? Keine Zeit, der Frage auf den Grund zu gehen. Er ist besser auf Draht: »Mensch, Karin. Wir haben uns ja schon ewig nicht mehr gesehen. Wie geht's denn?« – »Prima. Und dir?« – »Auch gut. Was machst du denn so?« Nachdem wir geklärt haben, womit wir derzeit unser Brot verdienen, fällt uns nichts mehr ein. Etwas unschlüssig lächeln wir uns an, bis einer der Qual ein Ende macht: »War wirklich nett, dich mal wieder zu treffen. Mach's gut.«

Jemanden »von früher« nach Jahren wieder zu treffen, kann schon recht schwierig sein. Vielleicht erinnert man sich mit schlechtem Gewissen daran, daß man sich irgendwann einfach nicht mehr beim anderen gemeldet hat. Oder unser Namensgedächtnis läßt uns mal wieder im Stich, und wir fühlen uns deshalb unbehaglich. Und dann das Klassentreffen-Syndrom: Wird man beim Leistungsvergleich halbwegs passabel abschneiden? Womöglich hat der andere seine Promotionspläne durchgezogen, nebenbei eine Familie gegründet und ist nun gerade dabei, ein altes Bauernhaus zu restaurieren. Und hoffentlich schafft man es, ein einigermaßen sinnvolles Gespräch zu führen. Schließlich kann es dauern, ehe man den anderen wiedersieht, und der Eindruck läßt sich nicht so bald korrigieren.

Das Gespräch beginnen. Es hilft, für Zufallsbegegnungen ein paar Einstiegsfloskeln parat zu haben. Die brauchen keineswegs besonders originell zu sein. Es geht darum, die erste Befangenheit abzubauen – die auch Ihr Gesprächspartner erst überwinden muß. Gewohnte Formeln helfen dabei mehr als eine witzige Bemerkung, mit der Sie sich selbst und den anderen noch mehr unter Druck setzen: »Ich freue mich, dich zu sehen.« »Ein schöner Zufall, daß wir uns mal treffen.«

Das sollte möglichst ehrlich klingen. Ein herzliches Lächeln hilft dabei. Das hebt auch Ihre Stimmung, und Sie sehen die Begegnung gleich gelassener. Die passende Erwiderung gewinnt ebenfalls, wenn man sie mit Wärme vorbringt. Gut, wenn man dabei gleich einen Gesprächsanker auswirft: »Ja, ich freue mich auch. Ich denke oft an unsere Barabende im Studentenwohnheim.«

Fragen stellen. Damit das Gespräch nicht im Sande verläuft, sollten Sie einige Fragen parat haben. Schließlich wissen Sie nicht mehr viel voneinander. Schließen Sie die Lücken.

... »Wie geht es dir?«
... »Wo lebst du jetzt?«
... »Was machst du beruflich?«
... »Wie geht es deinen Eltern?«
... »Was machen die Kinder?«
... »Reitest du noch immer?« (»Spielst du noch immer Squash / Tennis / Badminton ...?«)
... »Fährt deine Ente noch?«

Interesse zeigen. Machen Sie dem anderen deutlich, daß die Antworten Sie wirklich interessieren – durch aufmerksames Zuhören. Ignorieren Sie die Frühjahrsmode im Schaufenster ebenso konsequent wie attraktive Passanten. Durch Einwürfe wie »Das ist interessant.« »Das hört sich gut an.« »Toll, was du erreicht hast.« Durch weiterführende Fragen wie »Was machst du da genau?« »Wie gefällt es dir in Berlin?«

Takt beweisen. Bohren Sie nicht nach, wenn Ihr Bekannter eine Frage ausweichend beantwortet. Eine Unterhaltung wird nicht gerade besser, wenn einer sich unbehaglich fühlt.

Anerkennung spenden. Komplimente heben das Wohlgefühl: »Du siehst gut aus. Die neue Frisur steht dir.« Die Aussagen sollten allerdings zutreffen. Wer in den letzten Jahren etliche Pfunde zugelegt hat, fühlt sich vermutlich nur verschaukelt, wenn jemand sagt: »Gut siehst du aus. Du hast dich überhaupt nicht verändert.«

Von alten Zeiten sprechen. Kramen Sie Ihre gemeinsamen Erinnerungen hervor, und begeistern Sie sich für die »Weißt du noch«-Geschichten des alten Bekannten. Bei der Gelegenheit kann man auch auf gemeinsame Freunde zu sprechen kommen: »Hast du noch Kontakt zu Michael? Wie geht es ihm? Was macht er?«

Die Begleiter einbeziehen. Selbstverständlich stellen Sie Ihren Begleiter und Ihren Bekannten einander vor. Verbunden mit einer Erklärung, in welcher Beziehung Sie zu beiden stehen: »Das ist Tobias. Wir sind seit zwei Jahren verheiratet.« »Das ist Moritz. Wir haben zusammen studiert.« Ideal ist es, wenn Sie irgendeine Verbindung zwischen den beiden herstellen können: »Tobias ist ein begeisterter Football-Fan. Du bist doch auch immer zu jedem Spiel gegangen, Moritz.« Wenn Sie Glück haben, brauchen Sie sich um die weitere Unterhaltung nicht mehr zu kümmern.

Neu in der Familie

Das erste Mal bei ihren (oder seinen) Eltern: Vor einer mündlichen Prüfung oder einem Vorstellungsgespräch fühlen wir uns kaum schlimmer. Und schließlich hängt ja auch einiges davon ab. Wenn die Eltern dagegen sind, steht die junge Liebe nicht unter den besten Vorzeichen.

Anzug und Nelken – darin bestand zu Großmutters Zeiten die Grundausstattung des Schwiegersohns in spe. Und auch heute empfiehlt es sich, Eltern nicht gerade mit knappen Bustiers oder Motorradklamotten zu schockieren. Besser, man signalisiert schon in der Wahl der Kleidung eine gewisse Anpassungsbereitschaft. Ein Blumenstrauß als Gastgeschenk ist auch kein Fehler – sofern er nicht übertrieben pompös ausfällt. Überhaupt ist Zurückhaltung angebracht: Die Gesprächsführung überläßt man den Eltern.

Die werden einiges über den neuen Freund oder die neue Freundin wissen wollen. Bis zu einem gewissen Grad ist das legitim – schließlich möchten sie sicherstellen, daß ihr liebesbetörter Sprößling nicht in sein Unglück rennt. Je konstruktiver man sich hier verhält, um so schneller hat man das Kreuzverhör hinter sich. Halbwegs taktvolle Eltern werden die Grenzen respektieren und nicht nach der Höhe des Gehalts, etwaigen Erbkrankheiten oder früheren Liebesbeziehungen fragen. Falls doch, darf man der Beantwortung höflich, aber bestimmt ausweichen. Da gilt es, frühzeitig klarzustellen: bis hierher und nicht weiter. Über berufliche Pläne, private Interessen und die eigene Familie sollte man freimütig Auskunft geben. Verschlossenheit in diesen Punkten weckt zu Recht das Mißtrauen besorgter Eltern.

Es trägt zu deren Beruhigung bei, wenn ihre Beobachtungen den Schluß zulassen, daß Sohn oder Tochter keinem gefühlskalten Egoisten zum Opfer gefallen sind. Zärtliche Blicke in Richtung der Angebeteten brauchen also nicht unterdrückt zu werden. Ironische Bemerkungen erst einmal schon. Am Ende nehmen es die zukünftigen Schwiegereltern für bare Münze und daher krumm, wenn Sie augenzwinkernd über ihren untadeligen Nachwuchs spötteln: »Wenn ich Andreas an der Uni finden will, suche ich immer zuerst in der Cafeteria.« Lieber erkundigen Sie sich nach alten Fotoalben und bewundern, welch niedliches Baby der kleine Andreas war.

Umgekehrt ist es auch für Eltern keine ganz leichte Situation, wenn Sohn oder Tochter das Objekt ihrer Zuneigung mit nach Hause bringen. Auf einmal sitzt da regelmäßig ein Fremder beim Abendessen in der vertrauten Familienrunde. Seien Sie trotzdem froh: Schließlich haben Sie so die Gelegenheit, den Menschen kennenzulernen, mit dem Ihr Sohn oder Ihre Tochter wichtige Erfahrungen machen wird. Selbst wenn Sie mit deren Wahl nicht einverstanden sind – bleiben Sie freundlich. Vertrauen Sie darauf, daß sich der gute Geschmack Ihres Sprößlings langfristig durchsetzen wird. Mit eisiger Ablehnung provozieren Sie nur Trotzreaktionen: wir gegen den Rest der Welt.

Im übrigen behandeln Sie Ihren jungen Dauergast wie andere Gäste auch. Schneiden Sie Themen an, die ihn oder sie interessieren müßten – und die Ihnen ganz nebenbei helfen, sich ein Bild zu machen: berufliche Pläne, Sport, Hobbys, Reisen, Familie. Finden Sie am besten schon vor der ersten Begegnung heraus, wofür sich das neue Familienmitglied begeistert. Und welche wunden Punkte Sie besser nicht berühren sollten. Die nicht bestandene Führerscheinprüfung zum Beispiel oder die schlechten Berufsaussichten für Sozialpädagogen.

Patchwork-Familien. Im Märchen haben böse Stiefmütter nichts Besseres zu tun, als ihre lästigen Stiefkinder zu schikanieren oder gleich zu beseitigen. Tatsächlich ist es nicht gerade einfach, sich mit den Kindern des Partners aus früheren Beziehungen anzufreunden. Die Kinder geraten in einen Loyalitätskonflikt gegenüber dem Elternteil, dessen Platz nun von jemand anderem eingenommen wird. Und natürlich fällt es ihnen schwer, Vater oder Mutter mit einem neuen Partner teilen zu müssen. Für den stellt sich die Frage, wie weit er mit in die Erziehung der Kinder eingreifen darf. Als nachsichtige Tante oder großzügiger Onkel gewinnt man vielleicht zunächst mehr Sympathien, später wird es aber schwer, die nötigen Grenzen durchzusetzen. Ein guter Start kann auch gelingen, ohne die Kinder mit Geschenken zu überhäufen oder sie in allem gewähren zu lassen. Zeigen Sie Interesse. Wenn Sie fragen, hören Sie sich die Antwort aufmerksam an. Initiieren Sie gemeinsame Unternehmungen: einen Ausflug zum Badeweiher, einen Kinobesuch, ein Lagerfeuer am Abend. Nehmen Sie sich Zeit:

zum gemeinsamen Spielen, miteinander Kochen, Herumtoben. Lassen Sie Distanz zu. Es ist nicht fair und gewiß nicht beziehungsfördernd, wenn Sie vorschnell Zärtlichkeiten einfordern (»Gibst du mir keinen Gute-Nacht-Kuß?«). Zeigen Sie lieber Einfühlungsvermögen: »Ich kann mir vorstellen, daß es für dich ganz schön schwierig ist, wenn ich jetzt so oft bei euch bin.«

Der gemeinsame Auftritt

Sonja und Florian sind zu Besuch bei einer Arbeitskollegin von Sonja. Man trinkt Kaffee. Florian greift nach dem dritten Stück Kuchen. Während die Gastgeberin erfreut registriert, wie gut ihre Backkünste ankommen, zischt Sonja – mit Blick auf Florians ehemalige Taille: »Du hast doch schon zwei Stücke gegessen. Morgen hast du wieder ein Kilo mehr auf der Waage!«

Armer Florian! Nicht nur, daß jetzt jeder verstohlen seine Leibesmitte mustert, er steht auch noch da wie ein unmündiges Kind, das nicht selbst über sein Essen bestimmen darf. Und Sonja – die selbsternannte Diätassistentin – macht nicht nur ihren Mann, sondern auch sich selbst lächerlich.

Wenigstens vor Dritten sollten Paare zusammenhalten – statt sich gegenseitig in Verlegenheit zu bringen. Schon um des ehelichen Friedens willen. Denn spätestens auf der Heimfahrt wird sich der angestaute Ärger Luft machen. Aber auch aus schlichter Höflichkeit – denn die sollte nicht ausgerechnet beim Partner enden. Also: Wenn Ihre Frau eine lustige Geschichte erzählt, nehmen Sie ihr nicht die Pointe weg. Lachen Sie auch dann mit, wenn Sie die Story schon zum vierten Mal hören. Benutzt Ihr Partner ein Fremdwort falsch, korrigieren Sie ihn nicht. Vielleicht haben's die anderen gar nicht bemerkt. Wer in der Lage ist, Kollegen und Freunde ausreden zu lassen, müßte es auch schaffen, seinem Partner nicht permanent ins Wort zu fallen.

Wörter wie »bitte«, »danke«, »entschuldige« tun dem ehelichen Umgang gut. Geizen wir also nicht damit.

Wer für seinen Rosenkrieg Zeugen braucht, versucht es am besten mit einer Gruppentherapie. Den Menschen aber, die mit uns einen schönen Abend verbringen wollen, sollten wir diesen nicht mit einer Kostprobe unserer ehelichen Streitkultur verderben. Schwierig, wenn man nach einem Ehekrach – noch in der Phase unversöhnten Anschweigens – gemeinsam unter Leute muß. Wer sich da nicht zusammennehmen und mit schauspielerischem Talent aufwarten kann, erspart den anderen besser den Anblick des kalten Krieges und sagt die Verabredung ab.

Deine Freunde, meine Freunde, unsere Freunde

Mit Marion treffe ich mich am liebsten allein – wir haben den gleichen Beruf, wir haben zusammen studiert, wir kennen die wechselseitigen Liebes- und Lebensgeschichten, wir machen einander nichts vor, Tabus gibt es nicht. Mit Franziska, Ute und Monika spiele ich regelmäßig Badminton. Eine Sport-Zweckgemeinschaft mit anschließendem gemütlichen Beisammensein. Gespräche über kulturelle Ereignisse in der Region, Austausch von Backrezepten, Einkaufstips, welcher Friseur taugt etwas. Wir finden uns sympathisch; private Geständnisse bleiben außen vor. Mit Stefan gehe ich einmal im Jahr Essen. Wir kennen uns seit der Kindergartenzeit und jagen von Thema zu Thema: Was ist in den letzten Monaten so passiert, wie kann man am besten Steuern sparen, zur Zeit trinke ich am liebsten kalifornischen Wein, wie wird wohl die nächste Wahl ausgehen, was wäre der ideale Ort für den Lebensabend, hast du endlich mein Buch gelesen.

Nach unserem letzten Umzug kam wie jedesmal, wenn wir die Wohnung wechselten, der Gedanke auf: Machen wir doch eine Einweihungsfeier. Platz haben wir diesmal genug. Sorgen bereitet uns die Gästeliste. Da wären meine Freunde, die sich kaum kennen. Die drei Paare, mit denen wir uns öfter treffen, sind kein Problem; die sind ein eingespieltes Team. Dann ist da noch Herbert, ein Studienfreund meines Mannes. Fällt unter die Rubrik »Hilfe, ich kenne keinen«. Und unsere Geschwister. Die können sich zumindest miteinander unterhalten.

Mir schwant, daß das eine dieser öden Parties werden wird, wo die immer gleichen Grüppchen über die immer gleichen Themen reden, während sich den Einzelgängern das kalte Buffet als letzte Zuflucht bietet. »Du siehst das viel zu kompliziert«, meint mein Mann. »Ich kümmere mich um Herbert, du um deine Freunde. Die anderen kennen sich ja untereinander. Ich sehe da kein Problem!« Ich schon: Jeder meiner Freunde kennt eine andere Seite von mir. Schließlich entstanden die Beziehungen in ganz unterschiedlichen Lebensphasen, basieren auf völlig anderen Gemeinsamkeiten.

Die Einweihungsfeier findet nicht statt. Wir laden die drei Paare gemeinsam zum Essen ein. Herbert lernt bei seinem ersten Wochenendbesuch unser Haus kennen. Die drei Badminton-Damen kommen zu einem großen Frühstück. Stefan treffe ich wie immer im Restaurant, Marion im Café.

Allen, die im Gegensatz zu uns nicht kneifen wollen, zum Trost: Bestimmt ist die Schnittmenge aus den Welten Ihrer verschiedenen Bekannten groß genug, um gemeinsame Themen zu finden. Schließlich gehören alle in etwa der gleichen Generation und vermutlich auch der gleichen sozialen Schicht an. Sie haben einen Beruf, eine Wohnung, Urlaub und Wochenenden. Vorausgesetzt, sie lesen regelmäßig eine Zeitung und schalten ab und zu den Fernseher ein, wissen sie Bescheid über die aktuellen Filme, Bücher, Sportereignisse und was sonst zum Zeitgeschehen gehört.

Umsichtige Gastgeber gehen es strategisch an. Wenn Sie im Vorfeld schon jedem Ihrer Freunde und Bekannten ein wenig von den anderen erzählen, sind sie sich nicht mehr ganz fremd und kommen leichter ins Gespräch. Eine aussagekräftige Vorstellung tut ein übriges: »Das ist Marion. Sie hat die Alpen gleich vor der Haustür.« Ein Gesprächsköder für Stefan, der ein begeisterter Drachenflieger ist und jedes Wochenende Richtung Süden düst. Damit niemand zum Mauerblümchen wird, beauftragen Sie einen Ihrer kommunikativ begabten Gäste mit der Betreuung: »Ich habe einen neuen Kollegen und seine Frau eingeladen. Könntest du dich ein bißchen um sie kümmern?«

Alle Jahre wieder:
Gäste und Familienfeste

Wird Onkel Hermann wieder alle mit seinen abgestandenen Witzen langweilen? Werden Oma Maier und Oma Scholz endlich das Kriegsbeil begraben haben oder sich noch immer hartnäckig ignorieren? Hoffentlich paßt das Wetter, und die Kinder können draußen toben. Und hoffentlich hat die neue Freundin des Neffen etwas weniger provozierende Ansichten als ihre Vorgängerin, die jedem Besserverdiener in der Familie einen Mangel an sozialem Gewissen vorgeworfen hat.

Familienfeste haben's in sich. Davon weiß so ziemlich jeder ein Lied zu singen, der schon einmal eine Hochzeit, eine Taufe, einen runden Geburtstag im Kreis der lieben Verwandtschaft gefeiert hat. Da treffen Großtanten aufeinander, die sich aus einem von allen anderen schon längst vergessenen Grund spinnefeind sind. Oder es kommen zwei verschwägerte Familien zusammen, die außer dem Enkelkind nichts gemeinsam haben. Und wie geht man mit geschiedenen Paaren um?

Weder die schönste Tischdekoration, noch das delikateste Menü, nicht einmal der wunderbare Kaffee mit dem Verwöhnaroma garantieren ein harmonisches Familienfest.

Alle Jahre wieder: Gäste und Familienfeste

Eine sorgfältig ausgeklügelte Sitzordnung schon eher. Die Tante, die mit ihren amüsanten Geschichten immer alle zum Lachen bringt, setzen Sie am besten in die Nähe eines Tischendes. Dieser Schachzug gewährleistet, daß ihr Unterhaltungstalent einer möglichst großen Gästezahl zugute kommt. Ein zweites Einsatzgebiet vertrauen Sie der Schwägerin an, die nie um ein Gesprächsthema verlegen ist. Die verfeindeten Großtanten plaziere man weit voneinander entfernt und an der gleichen Seite der Tafel – Blickkontakt verdirbt ihnen womöglich Appetit und Laune. Ebenso verfahre man mit Ex-Ehepaaren, deren Trennung nicht unbedingt harmonisch verlaufen ist.

Die Gastgeber wechseln häufig den Platz, um mit allen Gästen etwas Zeit zu verbringen. Und ein wenig nachzuhelfen, wenn irgendwo die Unterhaltung versiegt. Wie bei vielen anderen Gelegenheiten hilft ein wohlplaziertes Kompliment, damit sich jemand wohler fühlt: »Die neue Brille steht dir super.« Fragen kurbeln Gespräche an: »Wie läuft euer Umbau?« »Hast du schon Urlaubspläne?« »Wie gefällt es eurer Tochter in Amerika?« Wo die Unterhaltung gerade bestens läuft, kann sich der Gastgeber eine Verschnaufpause gönnen und seine Aktivitäten auf freundliches Zunicken und herzliches Lächeln beschränken. Es wäre Energieverschwendung und obendrein ein Schuß nach hinten, hier übereifrig mit einer munteren Bemerkung dazwischenzuplatzen und womöglich den Gesprächsfaden zu zerreißen.

Von einem entspannten Gastgeber haben die Gäste mehr. Wer vom tagelangen Kochen, Kuchenbacken, Hausputzen und Gartenjäten völlig erschöpft ist, sprüht kaum mehr vor guter Laune und Herzlichkeit. Bevor Sie riskieren, Ihre Gäste anzugähnen, kaufen Sie lieber den Kuchen beim Bäcker, bestellen einen Partyservice und lassen das Unkraut im Garten stehen. Kann sein, daß Tante Rosalie über Ihre mangelnden hausfraulichen Fähigkeiten den Kopf schüttelt. Wahrscheinlich freut sie sich insgeheim, weil sie sich

179

Ihnen überlegen fühlt. Gönnen Sie ihr den vermeintlichen Triumph.

Blick über den Gartenzaun

Man braucht sich: Spätestens, wenn der Urlaub naht und sich die Versorgungsfrage für Gummibaum und Stubentiger stellt. Man nervt sich: Wenn Nachbars Rasenmäher pünktlich zur Kaffeestunde losrattert oder nebenan die fünfte Grillparty des Monats steigt. Leider gibt es kein Entrinnen. Wenn's mit dem Nachbarn nicht klappt, hilft nur eines: Umziehen.

Vorstellen. Am besten pflegt man die nachbarschaftlichen Beziehungen von Anfang an aufmerksam. Der ideale Zeitpunkt, sich als neuer Nachbar vorzustellen, liegt noch vor dem Einzug. Da kann man schon mal vorwarnen, daß demnächst ein Umzugswagen die Zufahrt versperren, die Bohrmaschine öfter dröhnen und das Treppenhaus enorm frequentiert sein wird. Die Alteingesessenen werden aufatmen: Offensichtlich kommt da jemand, der die Bedürfnisse seiner Umwelt wahrnimmt und respektiert. Übrigens dürfte es kein Problem sein, dieses erste Gespräch in Gang zu halten: Über Umzugserfahrungen kann schließlich jeder ein Lied singen. Noch etwas spricht dafür, die Nachbarschaftsrunde schon vor dem Einzug zu drehen. Wer zwischen unausgepackten Kisten und zerlegten Schränken sitzt, hat wenig Sinn für Small talk auf fremden Fußmatten.

Es geht auch andersherum. Das haben wir bei unserem letzten Umzug erlebt. Wider besseres Wissen hatten wir noch mit niemandem in unserer neuen Umgebung Kontakt aufgenommen. An unserem Einzugstag brachten unsere neuen Nachbarn uns eine Pizza vorbei. Wir freuten uns über die hochwillkommene Stärkung, vor allem aber über die nette Geste.

Distanz und Nähe. Gute Zäune machen gute Nachbarn. Eine gewisse Distanz zu wahren, hat noch keiner nachbarschaftlichen Beziehung geschadet. In engen Freundschaften kommt es leichter zum Streit. Unangenehm, wenn man sich danach weiterhin ständig über den Weg läuft. Vorsicht also mit vertraulichen Bekenntnissen über Konflikte mit den Eltern, berufliche Sorgen oder den letzten Krach mit dem Ehemann. Gemeinsame Themen der unverbindlichen Art finden sich schließlich genug. Spitzenreiter sind Gartentips von der Blattlausbekämpfung bis zur Unkrautvernichtung. Unter Männern beliebt und ebenso ergiebig ist der heimwerkerische Erfahrungsaustausch. Das Wetter gibt auch immer etwas her: »Höchste Zeit, daß es mal wieder regnet. Der Rasen ist schon ganz ausgetrocknet.« Komplimente bekommen auch der nachbarschaftlichen Beziehung gut. Bewundern wir also großzügig, was uns nebenan gefällt: die neuen Gartenmöbel, die bunt blühenden Balkonkästen, den gepflegten Rasen, den verwunschenen Rosenbogen.

Konflikte. Wie sag ich's meinem Nachbarn, wenn mich das Geschrei seines Papageis zum Wahnsinn treibt oder sein Kompost meine Geruchsnerven strapaziert? Oder muß ich um des lieben Friedens willen Lärm und Gestank ertragen? Klar, man muß nicht gleich aus jeder Mücke einen Elefanten machen. Größere und vor allem dauerhafte Belästigungen aber darf man offen ansprechen. Womöglich ahnt der begeisterte Vogelnarr oder der weniger geruchsempfindliche Hobbygärtner ja gar nichts vom stillen Leiden seiner Nachbarn. Statt uns vor lauter hinuntergeschlucktem Ärger ein Magengeschwür einzuhandeln, sollten wir lieber ein offenes Wort sprechen. Nicht mit dem Holzhammer: Der Hinweis auf die Rechtslage oder die Drohung mit dem Anwalt treibt den anderen nur in die Defensive. Aber mit Selbstbewußtsein: Niemand muß sich dafür entschuldigen, wenn er um Rücksicht bittet.

Die Rahmenbedingungen dafür sollten allerdings stimmen: Vergewissern Sie sich, ob Sie einen günstigen Zeitpunkt gewählt haben. Und bereiten Sie den anderen auf Ihr Anliegen vor: »Herr Koch, haben Sie ein paar Minuten Zeit? Ich möchte mit Ihnen ein Problem besprechen. Es geht um Ihre Stereoanlage.« Herr Koch – sachlich mit dem Problem vertraut gemacht – wird sich mit großer Wahrscheinlichkeit entschuldigen und seiner Tochter nahelegen, wenigstens in der Mittagszeit die Back Street Boys mit dem Walkman zu hören. Schließlich will auch er die bisher funktionierenden Nachbarschaftsbeziehungen nicht aufs Spiel setzen.

Der Rückzug vom Zaun. »Telefon für dich!« So retteten wir uns gegenseitig eine Zeitlang vor einer Nachbarin, deren Redefreude unsere Geduld arg strapazierte. Zugegeben, nicht die feinste Lösung – schließlich war es glatt gelogen. Außerdem verbannten wir uns damit selbst ins Haus, statt gemütlich im Liegestuhl zu schmökern oder endlich dem Unkraut im Staudenbeet zu Leibe zu rücken. Gründe genug, andere Strategien zu entwickeln. Zum Beispiel, den Spieß umzudrehen: »Jetzt halte ich Sie nicht mehr länger auf. Schönen Tag noch!« Dazu sollte man freundlich lächeln (wie nett, daß Sie sich für mich so lange Zeit genommen haben) und entschlossen den Rückzug auf die eigene Terrasse antreten (um keinen Widerspruch aufkommen zu lassen). Letzteres empfiehlt sich auch, wenn man ganz einfach die Wahrheit sagt: »Ich werde dann mal weiterjäten. Mit dem Beet möchte ich heute unbedingt noch fertig werden.« Ich finde, der ehrliche Weg steht auch dem offen, der sich nur schlicht in die Sonne legen will: »Ich werde mich dann wieder auf die Terrasse legen. Ich bin froh, daß ich heute Zeit habe, das schöne Wetter zu genießen.«

Das Wichtigste auf einen Blick

1 **Bereiten Sie sich vor.** Mit einer GNA-Vorstellung (Gruß, Name, Aufhänger), die Sie sich zu Hause vor dem Spiegel oder auf der Hinfahrt im Auto schon ein paar Mal vorsprechen. Ein, zwei Stories, die Sie locker und pointiert erzählen können. Vier, fünf Themen, über die Sie wirklich gut informiert sind und die auch für Ihre Gesprächspartner interessant sein dürften. Und: Lassen Sie die Liste der Leute Revue passieren, die Sie gleich treffen werden. Was ist in ihrem Leben gerade wichtig? Was sind ihre Hobbies? Worüber reden sie besonders gern?

2 **Fördern Sie die weniger entwickelte Seite Ihrer (öffentlichen) Persönlichkeit.** Wenn Sie von Haus aus eher introvertiert sind, nehmen Sie sich vor, sich bei der Hochzeit der Kollegin mit mindestens zwei neuen Gesichtern bekannt zu machen. Oder der Fahrgemeinschaft auf dem Weg zur Arbeit haarklein zu erzählen, was Sie an dem Buch, das Sie gerade lesen, so fasziniert. Umgekehrt gilt das gleiche: Wenn Sie normalerweise der Mittelpunkt jeder Party sind, probieren Sie einmal aus, wie Sie sich in der Rolle des stillen Beobachters oder anteilnehmenden Zuhörers fühlen. Zugegeben: Es ist nicht einfach, aus tiefverwurzelten Gewohnheiten auszubrechen und in eine neue Rolle zu schlüpfen. Aber es bereichert Ihr Verhaltensrepertoire. Mit jedem kleinen Erfolg merken Sie, daß Sie auch »anders können«.

3 **Verhalten Sie sich situationsgerecht.** In der Kleidung, der Wortwahl, den Gesprächsthemen, den Meinungsäußerungen, der Lautstärke. Denken Sie immer daran:

Beim Small talk geht es gerade nicht darum zu polarisieren, anzuecken oder eine langweilige Gesellschaft aufzumischen. Sondern darum, Gemeinsamkeiten zu finden, Nähe herzustellen und die Möglichkeit einer engeren Verbindung auszuloten.

4 Rücken Sie sich ins rechte Licht. Wer Lebensfreude ausstrahlt, mitreißend erzählt und sich für die Buchsbäumchen in Nachbars Garten genauso begeistern kann wie für den Karrieresprung des Partners oder den anstehenden Skiurlaub, zieht andere ganz automatisch in seinen Bann. Das ist kein Wunder: Gute Laune steckt an. Deshalb suchen wir instinktiv die Nähe von Menschen, die das Haar in der Suppe lassen, Komplimente annehmen, ohne sich zu zieren, und offen sind für die schönen Dinge des Lebens. Unter einer Voraussetzung: Bei aller positiven Selbstdarstellung dürfen Sie andere nicht in den Schatten stellen. Das soziale Geben und Nehmen muß ausgewogen sein.

5 Zeigen Sie Interesse für Ihren Gesprächspartner: Indem Sie aktiv zuhören. Ihn zum Weiterreden ermutigen. Sich erkundigen, wie der Vortrag gelaufen und ob die Grippe abgeklungen ist. Signalisieren, daß Sie seinen Standpunkt nachvollziehen können. Und ganz bewußt eine Weile lang darauf verzichten, Ihre eigenen Belange und Interessen in den Mittelpunkt zu rücken. Sie werden merken: Es lohnt sich, das eigene Ich ab und zu hintanzustellen. Sie wirken sympathischer, gelassener und souveräner.

6 Wagen Sie den ersten Schritt. Nur wer hingeht, hat die Chance anzukommen. Er geht aber auch das Risiko ein, sich einen Korb zu holen. Trotzdem: Unter zivilisierten Menschen dürfte das Risiko einer Zurückweisung relativ klein sein. Und selbst wenn der oder die Angesprochene kein besonderes Interesse an Ihnen zeigt – niemand wird Ihnen den Versuch übelnehmen, sich als der Neue in der Firma auch in die sozialen Aktivitäten des Teams zu integrieren oder als Alleinreisende bei der Studienfahrt Anschluß zu suchen. Nehmen Sie Blickkontakt auf, lächeln Sie, und beginnen Sie ein unverbindliches Gespräch – das nicht zu lange dauern sollte. Wenn Ihnen Ihr Gegenüber sympathisch ist, und Sie die Bekanntschaft gerne vertiefen möchten, sollten Sie das beim Abschied signalisieren: »Wollen wir uns nächste Woche mal auf einen Kaffee treffen?« Machen Sie aber nicht den Fehler, den anderen gleich auf gemeinsame größere Unternehmungen festzunageln: »Sie schauen sich die altrömischen Ausgrabungen an? Da komme ich mit, das interessiert mich auch.«

7 **Werden Sie aktiv.** Wer sich für den Gesprächsverlauf oder sogar das Gelingen eines Festes mitverantwortlich fühlt, ist viel zu beschäftigt, um sich den Kopf über ein geeignetes Thema oder seine Wirkung auf andere zu zerbrechen. Schon in Ihrem eigenen Interesse sollten Sie deshalb Neulinge und Außenseiter ins Gespräch ziehen, den Gastgebern Ihre Hilfe anbieten, Besserwisser und Streithähne behutsam auf ein anderes Thema bringen oder Leute, die sich noch nicht kennen, miteinander bekannt machen.

8 **Bleiben Sie am Ball.** Auch das anregendste Gespräch hat einmal ein Ende. Wenn Sie nicht möchten, daß sich der Kontakt im Sande verläuft, müssen Sie das Pflänzchen Sympathie pflegen: Rufen Sie kurz an, und geben Sie die versprochene Adresse durch, schreiben Sie ein paar Zeilen, und legen Sie ein Foto dazu, schlagen Sie eine Verabredung zum Mittagessen vor, schicken Sie vielleicht sogar einen Blumenstrauß als Dankeschön für einen guten Tip.

Allerdings: Übertreiben Sie es nicht. Lassen Sie neuen Bekannten immer auch die Möglichkeit des taktvollen Rückzugs.

Erwarten Sie nicht zuviel. Nicht jede gelungene erste Begegnung wird sich zu einer tiefen Freundschaft oder auch nur losen Bekanntschaft entwickeln. Das heißt weder, daß Sie Ihre Zeit vergeudet, noch daß Sie etwas falsch gemacht haben. Gelungene Gespräche mit Fremden entstehen oft aus der Situation heraus – auf einer langen Zugfahrt, am Kinderplanschbecken im Feriendorf, zu vorgerückter Stunde bei einem letzten Glas Wein, beim Messeempfang, bei dem beide Gesprächspartner sich als Newcomer in der Branche recht verloren fühlen. Fällt die verbindende Situation flach, reißt oft auch die menschliche Verbindung ab. Das ist schade, aber kein Grund für Selbstzweifel: Ein vergnügter Abend, eine angeregte Fachsimpelei, ein flüchtiges Eintauchen in die Lebensgeschichte eines fremden Menschen haben einen Wert an sich – auch wenn sich nicht mehr daraus entwickelt.

Literatur zum Thema

ARGYLE, MICHAEL: *Soziale Interaktion*. Kiepenheuer & Wietsch. Köln 1972

AU, FRANZISKA VON: *Knigge 2000*. W. Ludwig Buchverlag, München 1995

BALDRIGE LETITIA: *Complete Guide to Executive Manners*. Rawson Assoc., New York 1985

CARNEGIE, DALE: *Wie man Freunde gewinnt*. Scherz Verlag, Bern-München-Wien 1981

GOLEMAN, DANIEL: *Emotionale Intelligenz*. Carl Hanser Verlag, München 1995

MACKAY, HUGH: *Warum hörst du mir nie zu? Zehn Regeln für eine bessere Kommunikation*. Deutscher Taschenbuchverlag, München 1997

MOLCHO, SAMMY: *Körpersprache als Dialog. Ganzheitliche Kommunikation in Beruf und Alltag*. Mosaik Verlag, München 1988

MÄRTIN, DORIS / BOECK, KARIN: *EQ. Gefühle auf dem Vormarsch*. Heyne, München 1996

NUBER, URSULA: »Die Angst vor den anderen«. In: *Psychologie heute*. März 1996

REBEL, GÜNTHER: *Mehr Ausstrahlung durch Körpersprache*. Gräfe & Unzer, München 1997

ROANE, SUSAN: *What do I say next? Talking your way to business and social sucess*. Warner Books, New York 1997

ROANE, SUSAN: *Natürlich zum Erfolg. Networking, der smarte Weg, ein dichtes Kommunikations- und Beziehungsnetz zu knüpfen*. mvg-Verlag, München 1997

SCHÖNFELDT, SYBIL GRÄFIN: *Das 1 x 1 des guten Tons. Das neue Benimmbuch*. Rowohlt Taschenbuch Verlag, Hamburg 1991

SNYDER, MARK: »Selbstdarstellung: Die Masken, die wir tragen«. In: *Wir Selbstdarsteller*. Beltz Verlag, Weinheim 1988

SUCHER, C. BERND: *Hummer, Handkuß, Höflichkeit. Das Handbuch des guten Benehmens*. Deutscher Taschenbuch Verlag, München 1996

Literatur zum Thema

TANNEN, DEBORAH: *Das hab' ich nicht gesagt! Kommunikationsprobleme im Alltag.* Ernst Kabel Verlag, Hamburg 1992

WLODAREK, EVA: *Mich übersieht keiner mehr. Größere Ausstrahlung gewinnen.* Wolfgang Krüger Verlag, Frankfurt am Main 1997

ZIMBARDO, PHILIP G.: *Nicht so schüchtern.* mvg-Verlag, München 1978

ZUNIN, LEONARD M. / ZUNIN, NATALIE B.: *The First Four Minutes.* Nash, Los Angeles 1972

Außerdem wurden Artikel aus folgenden Zeitschriften verwendet: *Brigitte, Elle, Psychologie heute, manager magazin.*

Ulrich Wickert

»Wir gehen jetzt erst mal um die Ecke ins Café de Flore, den ehemaligen Literatentreff, einen Café Crème und ein paar Croissants bestellen. Doch das ist eigentlich eine andere Geschichte.«

Und Gott schuf Paris
19/336

Der Ehrliche ist der Dumme
Über den Verlust der Werte
19/401

Das Buch der Tugenden
Ausgewählte Texte aus
Philosophie, Literatur, Recht,
Soziologie und Politik
Herausgegeben von Ulrich Wickert
19/599

Deutschland auf Bewährung
Der schwierige Weg in die Zukunft
19/675

Das Wetter
01/9763

Über den letzten Stand der Dinge
01/10575

19/336

HEYNE-TASCHENBÜCHER

Nützliche Hilfestellungen rund um die deutsche Sprache

Krüger-Lorenzen
Deutsche Redensarten und was dahinter steckt
19/764

Dieter E. Zimmer
So kommt der Mensch zur Sprache
Über Spracherwerb, Sprachentstehung, Sprache & Denken
19/310

Die aktuelle deutsche Rechtschreibung von A-Z
19/779

19/779

HEYNE-TASCHENBÜCHER

Thomas Gordon

Ob in der Partnerschaft, Familie oder am Arbeitsplatz – jede Form von zwischenmenschlicher Beziehung birgt Konfliktpotenziale in sich. Bestsellerautor Thomas Gordon gibt anschauliche Ratschläge, um ein harmonisches Miteinander zu erzielen.

Familienkonferenz in der Praxis
Wie Konflikte mit Kindern gelöst werden
19/33

Die Neue Familienkonferenz
Kinder erziehen, ohne zu strafen
19/325

Das Gordon-Modell
Anleitung für ein harmonisches Leben
Herausgegeben von
Karlpeter Breuer
19/613

Thomas Gordon/
W. Sterling Edwards
Patientenkonferenz
Ärzte und Kranke als Partner
19/630

Familienkonferenz
Die Lösung von Konflikten zwischen Eltern und Kind
19/15

Managerkonferenz
Effektives Führungstraining
19/28

Lehrer-Schüler-Konferenz
Wie man Konflikte
in der Schule löst
19/24

19/777

HEYNE-TASCHENBÜCHER